太姥文化研究资料丛刊书目

之一：太姥诗文集

之二：太姥石刻文书

之三：太姥族谱文献

之四：太姥民间文书

之五：太姥宫庙道俗

之六：太姥族群文献

之七：太姥史料汇释

之八：太姥档案文献

福鼎文史·太姥文化研究资料丛刊

太姥史料汇释

张先清 等 著

厦门大学出版社 国家一级出版社
XIAMEN UNIVERSITY PRESS 全国百佳图书出版单位

图书在版编目(CIP)数据

太姥史料汇释/张先清等著. —厦门：厦门大学出版社，2019.11
（福鼎文史·太姥文化研究资料丛刊）
ISBN 978-7-5615-7595-6

I.①太… II.①张… III.①山—文化史—史料—福鼎 IV.①K928.3

中国版本图书馆 CIP 数据核字(2019)第 188734 号

出 版 人	郑文礼
责任编辑	薛鹏志
封面设计	李嘉彬
技术编辑	朱 楷

出版发行 **厦门大学出版社**

社 　址	厦门市软件园二期望海路 39 号
邮政编码	361008
总 　机	0592-2181111　0592-2181406(传真)
营销中心	0592-2184458　0592-2181365
网 　址	http://www.xmupress.com
邮 　箱	xmup@xmupress.com
印 　刷	厦门市明亮彩印有限公司

开本　720 mm×1 000 mm　1/16
印张　11
插页　2
字数　200 千字
印数　1～3 000 册
版次　2019 年 11 月第 1 版
印次　2019 年 11 月第 1 次印刷
定价　54.00 元

本书如有印装质量问题请直接寄承印厂调换

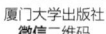
厦门大学出版社
微信二维码

厦门大学出版社
微博二维码

福鼎市政协·福鼎文史

太姥文化研究资料丛刊

编委会

主　任：李绍美

副主任：丁一芸　曾庆游

成　员：赖百曲　陈世銮　高燕君　郑　坚
　　　　郑加胜

主　编：张先清

副主编：白荣敏　狄　民

总　　序

　　太姥文化作为中国地域文化形态之一，具有十分丰富的文化内涵，值得深入考察。众所周知，要切实推进一种地域文化的研究，关键是必须打下坚实的资料基础。近人梁启超在谈到史料对于史学研究的重要性时，就曾形象地把史料喻为"史之组织细胞"，认为"史料不具或不确，则无复史之可言"。由此可见，资料对于学术研究而言，不啻清渠活水。脱离了扎实的资料搜集与整理工作，其研究则无异于无源之水，无本之木。因此，推动太姥文化研究的当务之急是充分挖掘太姥文化区的资料蕴藏，这也是我们编辑这套资料研究丛刊的主要原因。

　　毫无疑问，历经数千年积淀所形成的太姥文化研究资料是十分丰富多样的。大体而言，主要有如下三大类：首先是文书档案类资料，包括历代档案、方志文集、报刊文录、宗族谱牒、歌册笔记、碑铭图像、民间契约等。可以说，留存在福鼎地区的这一类别资料数量众多，有些还是相当稀见的珍品。其次是民族志记录资料。这部分资料主要指的是田野调查中所访谈到的各种文化现象的记录，诸如戏曲传说、民俗歌谣、信仰仪式、生产技艺等各种非物质文化遗产的口述与观察所得。再次是物质文化资料，这主要指的是诸如考古遗址、古村落、古建筑、民俗文物等物质文化遗存。以上三大类别的资料，是支撑太姥文化研究迈向深入的重要基石，也是我们塑造太姥文化高地取之不尽的宝库。

　　数年来，我们持续不断推出八辑《太姥文化研究资料丛刊》，第一辑是太姥诗文集专辑，第二辑是太姥石刻文书专辑，第三辑是太姥族谱文献专辑，第四辑是太姥民间文书专辑，第五辑是太姥宫庙道俗专辑，第六辑是太姥族群文献专辑，第七辑是太姥史料汇释专辑，第八辑是太姥档案文献专辑。我们拟从历史学、人类学、民俗学、宗教学、考古学等相关领域角度,针对太姥文化区的文化资源进行全面系统的发掘、整理与出版,从而达到抢救濒临消失的地域文化遗产、探索整理地域文化资源有效途径等目的。

太姥文化研究资料的搜集与整理,是一项十分繁重的文化工程,其意义也是不言而喻的。它不仅能够最大限度地保存本地区的档案文献与历史记忆,留住文化乡愁,同时也必将促进太姥文化学术研究的资料积累、提升地域文化形象。正是基于这种认识高度,福鼎市政协领导独具慧眼,热心支持这套文史资料丛书的编纂与出版,尤其是叶梅生、李绍美、丁一芸、张开潮、曾庆游、杨雪晶、赖百曲、陈世銮等人,在丛书的主题设计、编辑整理、出版过程中,都提出了宝贵的意见,付出了许多心血。地域文化的研究,需要更多像他们这样的有心人。因此,我们诚恳地盼望来自社会各界人士的大力支持。

张先清

2019 年 9 月

前　言

地处闽浙边界的福鼎，历史上其社会文化的发展，与境内的一座山岳——太姥山有着密不可分的关系。历代围绕福鼎所产生的历史文本，无疑也是理解太姥文化的重要内容。本书作为《太姥文化研究资料丛刊》的一个组成部分，其用意即是针对以福鼎为中心的太姥山文化区历史资料展开细致的搜集、整理，并在此基础上进行专题性的研究。本书的各个作者围绕着太姥山景观、移民历史、地方社会秩序、渔村社会发展、地方教育历史、叙事与革命史、族谱与族群意识、马仙信仰等各个方面进行了专题性的研究。

张先清所撰《"看山如看书"——清代太姥山诗文中的地景塑造》一文，利用从清代诗文集中爬梳到的有关太姥山的三首珍贵诗文，分别考察了清代前期、中期及晚清三位诗人林之蕡、陈寿祺、倪鸿笔下的太姥山诗，并分析了其诗作与太姥山地景塑造的关系，认为这些稀见的诗作都是太姥山文化志的重要组成部分。不仅提供了了解太姥山在不同时期的自然、历史与人文状况的宝贵材料，同时也直接参与塑造了太姥山的文化景观。林鸿宇所撰《福鼎的历代移民分布与方言分区》一文则通过利用部分地方文献、文史资料、民间文献，对各个时代迁入福鼎的移民进行初步统计，并初步分析移民迁入与福鼎境内六大语言区的关系。作者认为，在福鼎历代的开发过程中，不同时代、不同地域的移民在不同的背景下先后迁居福鼎。这些移民群体在对福鼎进行开发的同时，保留着"离祖不离腔"的传统，将迁出地的方言带入福鼎境内，并随着移民的定居而落地生根。在这些移民影响下，福鼎境内形成许多"方言岛"，福鼎也成为"双方言区"。方言是划分不同人群的重

要标志之一,现今福鼎的六大方言区的形成和移民有着密切的联系。吴家洲所撰《清代福鼎县知县群体研究》一文,则在充分研读地方志书的基础上,针对福鼎建县以来的历任知县进行了细致的分析,文中考察了知县籍贯地理分布、出身背景、政绩、轶事趣闻等内容,从另一个角度更好地认识福鼎建县以来的社会发展情况。蔡少辉所撰《金钱会、红布会起事的治理及其反映的清末福鼎地方政治运作》一文则广泛利用清代档案及地方志等资料,针对咸丰十一年(1861年)金钱会起事与福鼎地方社会秩序重建问题展开了有益的研究,文章认为,金钱会起事对清代福宁地方打击巨大,但也给予地方官府联合士绅重建地方秩序的机会,一方面,官府对士绅在地方事务中扮演的重要角色进行嘉奖、赋予其特权,使之更好地发挥基层管理职能。另一方面,官府也加强对士绅进行管制。福鼎地方社会中所体现的官府与士绅的这一互动关系,有助于学术界更好地认识清末地方政治的运行情况。张云鹤所撰《近代福鼎的渔村社会:两份田野报告的重新认识》一文,利用近代时期在福鼎开展渔业调查留下的两份田野报告,试图分析当时福鼎的渔村社会情况。论文认为,这两种福鼎渔业文献资料与一般文献不同,是当时专业调查人员运用田野调查方法,在对福鼎渔业进行实地调查基础上形成的田野报告,该资料对于今天全面了解近代福鼎渔业生产状况有所帮助,也有助于加深对于太姥文化区海洋社会文化的理解。作者同时也结合目前的田野调查资料,对上述田野报告中的渔村状况进行了对比分析。俞云平所撰《近代福鼎学校教育发展初探》一文则在广泛搜集各类资料的基础上,针对近代福鼎地方的学校教育发展状况进行了深度的分析,文章认为,宋元时代闽东教育,尤其是书院的兴盛为本地近代教育的发展奠定了良好的基础,而清末以后随着社会变革,福鼎地方新式学校教育发展迅速,尽管受限于社会环境,当地教育无法和东南一带口岸城市相比,但也表现出自身的特点。佳宏伟、苏心怡所撰《地方叙事中的福鼎革命——基于文史资料研究》一文,利用地方文史资料分析了地方革命叙事的发展,作者认为文史资料对于研究地方革命历史是十分有益的参考资料。与传统的宏大叙事资料不同,这些资料让我们可以从一个更为地域的视角观察近百年来一些重大历史变革的地方经验。刘婷玉所撰《从福鼎畲族族谱看畲民的家国意识》一文,考察了畲族谱牒中所展现的国家与族群意识,作者认为明清时期作为畲族重要聚居地的福鼎地区畲族家族的修谱行为蔚然成风,保留了大量十分有价值的历史资料。这批畲族族谱体例完善、修撰精美,其撰修过程通常由畲族家族中的重要人物共同完成,有时亦会聘请汉族谱师参与,对了解清代福鼎地区畲民的家族意识、家国意识,具有重要的意义。游澜所撰《马仙叙事的多元嬗变》则将流行于浙南、闽东地域的马仙叙事与李阳冰《护国夫人庙碑记》本事进行对比分析,试图梳理出马仙叙事的嬗变类型,进而剖析其后潜藏的多元化意识形态功能。作者认为,闽越古地因其特殊的地理、历史、民族环境,始终与中原文化保持着相对疏远的距离。历史上,中原文化对闽越文化的持续渗透,使闽越地域呈现出一种多元并存的文化形态,这在马仙叙事中表现得尤为突出。包括福鼎地方的马仙叙事文化,就是一个典型的案例。

需要指出的是,由于历代以来有关福鼎的文献史料保存分散,整理不易,上述各专题只是在现有所搜集到的资料基础上所做的初步研究。相信今后随着更多史料的披露,以福鼎城乡发展史为主题的太姥文化研究将得到更进一步地深入,并在推进东南区域社会文化史的整体研究上扮演更重要的作用。

目　录

"看山如看书"
　　——清代太姥山诗文中的地景塑造……………………张先清/1
福鼎的历代移民分布与方言分区 ……………………………林鸿宇/9
清代福鼎县知县群体研究………………………………………吴家洲/33
金钱会、红布会起事的治理及其反映的清末福鼎
　　地方政治运作……………………………………………蔡少辉/56
近代福鼎的渔村社会：两份田野报告的重新认识……………张云鹤/82
近代福鼎学校教育发展初探……………………………………俞云平/103
地方叙事中的福鼎革命
　　——基于文史资料研究……………………佳宏伟　苏心怡/114
从福鼎畲族族谱看畲民的家国意识……………………………刘婷玉/131
马仙叙事的多元嬗变……………………………………………游　澜/148

参考文献………………………………………………………………160

"看山如看书"
——清代太姥山诗文中的地景塑造

厦门大学人类学系　张先清

前　言

太姥山地处闽浙交界地带，风景奇秀，自然与文化多样性特征明显，历史上登临者颇多，留下不少记载太姥山社会经济及人文景观的文字记录，这些地方史料散见于各类文本中，是研究太姥文化的珍贵资料。笔者近期在翻阅清代诗文集过程中，读到数则有关太姥山的诗文，涉及太姥山岳的历史、风物与遗产构造等内容，鉴于此类史料较少为人所知，现将其辑录并略作解读，以期有助于太姥地域文化的研究。

一、林之蒨与"咏太姥山"诗

清人林之蒨①所撰《偶存草诗集》中，收录有一首《咏太姥山》诗，全诗如下：

地入南闽异，山荒太姥宫。稀疏秋色老，浩荡海天空。
云散猿啼月，叶吹鸟御风。乘槎人已杳，无计到河东。

---

① 又作"林蒨"。

在"太姥宫"后有注:"太姥系山名,山上有古刹,先朝所建,今则败落。"①

本诗作者为林之蒨,有关其生平资料不多,据《山东通志》记载,可知其字素园,号梅村,济宁人,官武邑知县,有《偶存草》。②清代同治年间所编《武邑县志》也有一个关于其个人生平的简略记录:"林之蒨,济宁人,监生,雍正六年任,捐俸设四乡义学。有《偶存草堂集》。"③在林之蒨为其个人诗集——《偶存草诗集》所撰自序中,我们可以获得更多有关其本人的个人信息,在自序开首,林之蒨这样写道:"予籍山东任城,束发读书时,即嗜吟咏,然无所就正,又泥于举子业而中辍者屡矣。"④从林之蒨的个人自述可知,其籍贯是山东任城,任城即为济宁,元至元八年(1271年)任成县改称济宁县。从他的自序可知,林之蒨在科举上用力颇多,但可能并不成功,到了雍正六年(1728年)才以监生任河北武邑知县。他在武邑县留下的一个主要事迹是捐出个人薪俸为当地捐建义学。在武邑任职之后,他似乎就此中断了仕途,离开了河北,到湖北一带以做幕僚谋生。其朋友、曾任河东盐运使的杨梦琰说他"以敲铜刻烛,叉手立就之才,数年来仅参佐僚幕,为他人作嫁衣裳"⑤,对他未能在仕途上有所作为颇为惋惜。

林之蒨在宦绩上没有什么出彩的地方,终其一生可能只担任过武邑知县这样的基层官员,但却不影响他在诗文上取得成就。他少年时即喜欢吟诗,多年苦修,显然在诗词上林之蒨有其过人之处,杨梦琰就认为"近来海内诗人未有如林君之工且敏者",⑥表示对他的诗文给予很好的评价。

清代山东诗人林之蒨又是怎么和位处东南滨海地带的太姥山连上关系呢?林之蒨自述其受山东同乡、清代著名文士王士禛的启发,王士禛告诫他的门生说:"山川游尽,岁月历深,始可言诗。"换言之,只有饱览名山大川,历

---

① 林之蒨:《偶存草诗集》,北京图书馆分馆藏清雍正刻本,《四库全书存目丛书》,《集部》第 284 册,济南:齐鲁书社,1997 年,第 785 页。
② 民国《山东通志》卷一百四十五上,民国七年(1918 年)铅印本。
③ 同治《武邑县志》卷六,清同治十一年(1872 年)刊本。
④ 林之蒨:《偶存草诗集》,北京图书馆分馆藏清雍正刻本,《四库全书存目丛书》,《集部》第 284 册,济南:齐鲁书社,1997 年,第 720 页。
⑤ 林之蒨:《偶存草诗集》,北京图书馆分馆藏清雍正刻本,《四库全书存目丛书》,《集部》第 284 册,济南:齐鲁书社,1997 年,第 717 页。
⑥ 林之蒨:《偶存草诗集》,北京图书馆分馆藏清雍正刻本,《四库全书存目丛书》,《集部》第 284 册,济南:齐鲁书社,1997 年,第 716 页。

尽岁月,才能作出好诗。王士祯在清初诗坛上名气很大,与朱彝尊并称"南朱北王",很显然他的这番话对林之蕃产生了很大的影响,因此,他身体力行,在康熙三十三年(1694年),发起了一次大旅行,从京城一路南下,遍游各地名胜,也到了东南福建、浙江一带。他这样记载入闽的情况:

> 由杉关入闽,奇石怪滩,骇人心目,故予有天连青嶂、水泻白云诸作。八郡一州,行踪所至,而飞鸾、白鹤最为险绝。鸟倦知还,路出武夷,诵晦庵"玉女峰插花临水"之句,心神飞动,苦为榜人所拘,九曲幽境,睹面失之,至今以为恨事也。①

由此可见,林之蕃是从闽北光泽杉关入闽,然后游历八闽,其中自然也包括闽东,从其自述中可知他对闽东山水险绝的景观,印象十分深刻,甚至认为飞鸾、白鹤岭是最险峻之地。从其诗集内容可知,此次游闽东,他是由福州出发,经飞鸾岭渡海,抵达蕉城、福鼎等地。林之蕃似乎对闽东山水特别有感受,以致写下《福宁州杂诗二十首》,上述《咏太姥山》诗就是其中一首。

细读林之蕃的这首诗,可知林之蕃所看到的是秋季的太姥山,诗中不仅描绘了太姥山的瑰丽风景,而且也为我们进一步认识清初太姥山文化提供了不少宝贵的信息。从诗中可知,明朝时太姥山上就建有太姥宫,不过到清初已经败落,因此当林之蕃来游山的时候,看到的是"山荒太姥宫"。由此也引发他对太姥仙境的想象,发出"乘槎人已杳,无计到河东"的感慨。可以说,林之蕃此诗对于我们了解清初太姥山的人文地景,提供了一个难能可贵的实际观察记录。

二、陈寿祺与《太姥墓》诗

陈寿祺(1771—1834)是清代中期著名学者,字恭甫、介祥、苇仁,号左海、梅修,晚号隐屏山人,福建侯官(今福州)人。陈寿祺年少时即十分聪慧,乾隆五十四年(1789年)中举,嘉庆四年(1799年)进士,嘉庆十四年(1809年)充会试同考官,次年因父逝返乡,此后绝意仕途,潜心学术,主讲鳌峰、清

---

① 林之蕃:《偶存草诗集》,北京图书馆分馆藏清雍正刻本,《四库全书存目丛书》,《集部》第284册,济南:齐鲁书社,1997年,第720页。

源书院等,著有《左海文集》、《左海诗钞》、《绛跗草堂诗集》等。

在陈寿祺个人诗集《绛跗草堂诗集》一书中,收有一首《太姥墓》长诗,其诗如下:

> 神工琢玄岩,石笋去天咫。不知何代坟,窣堵中屹峙。
> 或言尧时妪,藜蓝给邻里。羽客授还丹,餐霞洗玉髓。
> 鸑草招昌容,饮醪乞女几。八月溪云平,空碧变寒水。
> 犹疑染衣人,明月照罗绮。放勋告禅初,瑞备握河纪。
> 偓佺及方回,本非功名士。睢盱耕凿民,岂解餐鹅藥。
> 如何巾帼中,蛾眉学鸥视。三河受赤图,妄书陈锋氏。
> 中山祠夫人,①洞庭望帝子。纷纷附伊祁,太姥犹是矣。
> 婉婉九色龙,七夕事恢诡。②藏舟外形骸,曷以委荒址。
> 谷林已云封,蜕骨安足齿。春风落山花,长卧呼不起。
> 世人慕神仙,神仙固若此。③

陈寿祺此诗,显然是其游览太姥山有感而发的作品。那么,陈寿祺是何时游历太姥山呢?在其诗题"太姥墓"旁有注:"山上有天琢玄岩四字,在福鼎县。戊午"④。此"戊午",应该是嘉庆戊午年即嘉庆三年(1798年),此时陈寿祺二十八岁,正值青春年华,在此年即嘉庆四年赴京应试前,其主要时间都在福州老家度过,历史上福州和闽东一带因地缘相近,联系密切,因此陈寿祺与当地文人之间也颇有交往,自然少不了游历太姥山这类地方名胜。

这首诗有几个值得注意的地方,首先,陈寿祺所提到的"天琢玄岩"四字石刻,是清代太姥山的一个重要景观节点。其地点就位于太姥墓旁。明代陈仲溱在其《游太姥山记》中提到万历三十六年(1608年)游览太姥山时,"出天门,四壁环卫,宽十余亩。南向当中为太姥墓,铭曰'尧封太姥舍利塔。'塔右石壁题刻'天琢玄岩'四字"。⑤ 由此可见,陈寿祺所见即此四字题刻。同样,在嘉庆《福鼎县志》卷二"金石文"中,提到在鸿雪洞口有"天琢元岩"四字题刻⑥,也是指同样的石刻,"元"字显然是因为避康熙讳而改自

---

① 此句旁注:见《水经注》。
② 此句旁注:旧传太姥以七夕乘九色龙飞升。
③ 陈寿祺:《绛跗草堂诗集》卷一,清刻本。
④ 陈寿祺:《绛跗草堂诗集》卷一,清刻本,此处"玄"字原文缺笔,避康熙讳。
⑤ 嘉庆《福鼎县志》卷八,清嘉庆十一年(1806年)刊本。
⑥ 嘉庆《福鼎县志》卷八,清嘉庆十一年(1806年)刊本。

"玄"。结合陈寿祺的这首诗及嘉庆版《福鼎县志》资料可知,嘉庆中期以前在太姥墓旁"天琢玄岩"这四字石刻还保存着,但如今似乎此四字石刻难觅,这也表明太姥山石刻历史上曾经经历过改造过程。"天琢玄岩"①此四字石刻可说是太姥山岩石地貌的一个标志性代表,其常用在形容岩石奇兀,景观天成,如清代乾隆年间李拔任职福宁时,游历闽清梅溪,就为当地风动石题"天琢灵岩",以表示对于大自然鬼斧神工的叹服。陈寿祺此诗还透露出另一个重要信息,即尧封太姥传说在清代中期的流行情况。从"或言尧时妪,荻蓝给邻里。羽客授还丹,餐霞洗玉髓"这几句诗可知,陈寿祺对于太姥传说有着相当深入的了解,诗中将太姥传说中关键的几个事迹都提到了,如尧时受封、种蓝授技、制茶治病、仙人度化、蓝溪染碧,七夕升天等等。陈寿祺对于太姥传说抱着审慎的态度,如他举出郦道元《水经注》中记载尧的事迹中有提到"尧妃"的故事加以对比,查《水经注》原文云:"今成阳城西二里有尧陵,陵南一里有尧母庆都陵,于城为西南,称曰灵都,乡曰崇仁,邑号修义,皆立庙。……尧陵东、城西五十余步中山夫人祠,尧妃也。"显然,陈寿祺认为世人对于上古史事颇多附会,太姥的传说也有着同样的情况,但他所撰写的这首咏"太姥墓"诗,却从一个侧面传递了一个事实,即太姥及太姥传说,是建构太姥山神圣体系的一个重要文化创造。

三、倪鸿与《登太姥山》诗

在清人倪鸿所撰《退遂斋诗集续集》中,也有一首与太姥山有关的长诗,《登太姥山》全诗如下:

闽徼多奇山,兹山尤峻峨。螺旋三百盘,气势极滂沱。
谽谺万象裹,开辟五丁凿。仿佛从武彝,割将峰一角。
白马琅琅王,敕封号西岳。② 兴来我独往,不畏风雨作。
看山如看书,处处苦搜索。难绘入画图,峰峦异状各。
飞泉声喧赫,怪石形确荦。历蹬喘类牛,探洞曲成蠖。
老倚十围松,深窥万丈壑。高步行石梁,长虹半空托。

---

① 乾隆《福州艺文志补》卷四下,清乾隆二十八年(1763年)刻本。
② 此句旁注:王审知据闽时,封为西岳。

层崖叠嶂间,万斛石船泊。尧时太姥坟,薜碣字斑驳。
冲举乘白龙,曷仍瘗遗骨。附会事荒唐,笔谁山志削。
仰望摩霄宫,凌虚耸楼阁。登峰不造极,空葱山灵嚄。
余勇当贾之,攀跻费腰脚。力竭始升巅,坦途如掌拓。
吟怀喜顿开,酬唱群真约。烟云胸下生,溟渤杯中落。
指点台圆山,微茫一发弱。天风忽倒吹,响动塔铃薄。
迩年恣遂游,愿学谢康乐。何当此诛茅,小隐侪猿鹤。
四顾天苍凉,夕阳红笠箬。长歌策杖归,采得仙人药。

诗作者倪鸿(1828—?),字延年,号云癯、耘劬,广西桂林人。倪鸿少有诗名,但在科举上并不得志,年长后随父宦游广东,做过巡检等小吏。光绪二年(1876年)擢候补知县,其后入闽,襄办台湾军务。尽管倪鸿在仕宦生涯并不显达,但他在诗文、书画上却取得很大成就,被称为是近代广西杰出的诗人,同时也是岭南画派的代表人物。所著有《桐阴清话》、《退遂斋诗集》、《退遂斋诗集续集》、《花阴写梦词》等。

与林之蕡、陈寿祺前述诗一样,倪鸿此首"登太姥山"诗也是其游览太姥山所做的山水诗,有关诗中内容稍后再分析,这里我们感兴趣的一个问题是倪鸿作此诗的时间。如前所述,倪鸿曾经入闽任职,他的这段福建任官的经历,与晚清大臣岑毓英有关。岑毓英是广西西林人,由经办团练起家,以战功累官至云贵总督,光绪五年(1879年)调任贵州巡抚,两年后调福建巡抚。

在倪鸿所作"送葆芝岑中丞入觐即题台江送别图"诗中提到:"庚午,公奉命由楚入粤,督办黔饷。道出乐昌,鸿谪官斯土,谒公舟次。"此处庚午年即同治九年(1870年),其时倪鸿在广东乐昌任职,拜访经过此处的岑毓英,两人同为广西同乡,由此建立关系。对于倪鸿而言,当他一直在宦海底层徘徊的时候,也希望能够依附岑毓英这位封疆大吏改变人生际遇。因此,当岑毓英于光绪七年(1881年)调任福建巡抚时,就调倪鸿入闽襄办台湾军务,由此也使得倪鸿有机会到福建并游览太姥山。光绪八年(1882年)岑毓英两次渡海入台,开山抚番,倪鸿也随行襄助其处理军政事务。不久,岑毓英调回云南,署理云贵总督。倪鸿的仕途也由此戛然而止。

倪鸿在入闽前后曾经多次出外游历,据诗文推断,其登临太姥山的时间应该是在光绪八年(1882年)秋天,诗中有一句"指点台圆山,微茫一发弱"。

在"台圆山"一句有一旁注:"台湾一名台圆。"① 他对于台湾的山脉及别称的这一认识,应该是在他随同岑毓英入台考察之后获得的。当年秋,刚好岑毓英调任回云南,倪鸿因人生茫茫,而选择北上游历,道经福鼎时游览太姥山并写下这首诗。

  细读这首诗,我们可以了解清代后期太姥山的一些状况。从诗中可见,太姥山的险峻给倪鸿留下了深刻的印象,诗人登临过程中,不断因为山岳之奇秀而发出感慨。此诗有几个值得注意的地方,其一是从诗文推测,晚清时期太姥山的植被状况颇为良好,"老倚十围松,深窥万丈壑",说明当时山中还有不少大型松树。其二,诗中也提到了太姥墓的情况,由"尧时太姥坟,薜碣字斑驳"一句可知,其时墓碑已经文字漫漶难以辨读。其三,诗文中也突出了太姥山的高峻及在台湾海峡区域的地标性意义,由"指点台圆山,微茫一发弱"一句可知,在秋高气爽时登临太姥山顶,极目远望,似乎可以看见台湾山脉,由此也表明了两地之间同处一个文化地理区位的密切关系。

结　语

  从上述三首诗文可知,清代太姥山已经是东南一带颇有影响的览胜之地,无论是清中前期的林之蕃还是陈寿祺,抑或晚清时期的倪鸿,这三位在同时代颇有名气的诗人,都慕名而来,游历登临,由此也将他们人生中的一段经历,与太姥山连上了关系。更重要的是,他们的诗作,已成为太姥山文化志的重要组成部分。这些诗人留下的诗作,不仅提供了了解太姥山在不同时期的自然、历史与人文状况的宝贵材料,同时也直接塑造了太姥山的文化景观。

参考文献

  [1]林之蕃:《偶存草诗集》,北京图书馆分馆藏清雍正刻本,《四库全书存目丛书》,济南:齐鲁书社,1997年。

  [2](清)陈寿祺:《绛趺草堂诗集》卷一,清刻本。

  [3]嘉庆《福鼎县志》卷八,清嘉庆十一年(1806年)刊本。

---

① 　倪鸿:《退遂斋诗集续集》卷一,光绪十年(1884年)济南刻本。

[4]嘉庆《福鼎县志》卷二,清嘉庆十一年(1806年)刊本。
[5]乾隆《福州艺文志补》卷四下,清乾隆二十八年(1763年)刻本。
[6]同治《武邑县志》卷六,清同治十一年(1872年)刊本。
[7]民国《山东通志》卷一四五上,民国七年(1918年)铅印本。
[8]倪鸿:《退遂斋诗续集》卷一,光绪十年(1884年)济南刻本。

福鼎的历代移民分布与方言分区

厦门大学历史系　林鸿宇

前　　言

近年来关于福建的地方史研究成果颇丰，闽东地区的研究相较闽南、闽西、闽北地区而言较为滞后，这似乎与福建省内不同区域开发进程上存在着时间差有一定的关联。有清一代闽东行政区划的一系列变动，尤其是县的稳定设置即作为地域开发臻于成熟的标志。在闽东不同时代的开发过程中，外来移民扮演了相当重要的角色，在历史文献中也保留了大量外来人口迁居闽东的记录。这些外来移民究竟何时而来？缘何而来？这些人群如何形塑地方社会的？对这些具体的问题进行追问，有助于我们理解区域社会的发展进程。

笔者生长于闽东的福鼎市，在福鼎生活的十八年中，印象深刻的即是福鼎境内方言众多，并且保持至今。而本地人则对此司空见惯，甚至在街市中可见桐山话（当地方言）和闽南话互相沟通。语言的背后反映的是人群的分类，在福鼎这样一个县级市中包含了六大方言。除去闽东方言在本地的分支桐山话之外，还包含有闽南、闽西方言等，甚至在不同的乡镇中通行的方言也不相同。不同的方言即是不同移民人群所遗留至今的产物，因而梳理移民问题对理解当下福鼎的人群历史有着一定的现实意义。

关于闽东地区，其大致的地域范围如明清时代的福宁州（府）所辖地界。闽东地区作为福建东北角的要冲，处于由浙入闽的门户地带。明人胡宗宪在《福宁州论》中云:"福宁独当东南北三面之海。"① 福宁州三面环海,地势险峻。而位于福宁州东北部,直至清乾隆年间才正式完成新县的设置的福鼎,时人对清代福鼎县治所桐山的评价则为"八闽门户、两浙咽喉"②,可见闽东之于福建则是锁钥地带,而福鼎之于闽东则当八闽门户,足见其地理位置之重要性。通过爬梳福鼎历代的历史文献,笔者对各个时代迁入福鼎的移民进行粗略的统计,并初步分析移民迁入与福鼎境内六大语言区的关系。

一、历代迁入福鼎移民的时空分布

福鼎的开发经历了一个漫长持久的过程。在历代的开发过程中,不同时代、不同地域的移民发挥了极其重要的作用。这些移民何时而来,何地而来?带着这些问题,在梳理相关地方文献中,对文献涉及的百余个姓氏家族的迁移情况进行初步的统计,如图1"历代迁居福鼎移民时段分布简图"所示。

图1所举例百余个姓氏家族迁入福鼎的记载,虽不能完全反映这一时期移民活动的全部内容,但至少能反映出这些移民大致迁入福鼎的时段。自唐宋以降,即有一些移民进入迁居福鼎,完成在地化。移民的时间跨度较长,从唐末至清末民初,跨度长达千年。明清时代的移民占据绝大多数,时段较为集中。其中尤以明初、明末清初、康乾时代的迁入占较大比重。不同时期迁入福鼎的原因、阶段特点不同,兹就不同时代的具体案例进行具体分析。

(一)唐代福鼎的移民宗族

现有文献记载,最早在唐代就有一批移民迁入福鼎进行初步的开发,除了2例时间记载模糊为唐代,未有更详细的朝代记载以外,剩余3例时间段

---

① (明)胡宗宪:《福宁州论》,(明)陈子龙:《明经世文编》卷二六七,北京:中华书局,1962年影印本,第2824页下~2825页上。
② (清)夏嘉梁:《县记》,收自嘉庆《福鼎县志》卷八,《艺文》,清嘉庆十一年(1806年)刊本,收自福鼎市地方志编纂委员会编:《福鼎旧志集》(上),福州:福建人民出版社,2013年。为便引用,本书中所引嘉庆志均引此点校版,兹不赘述。

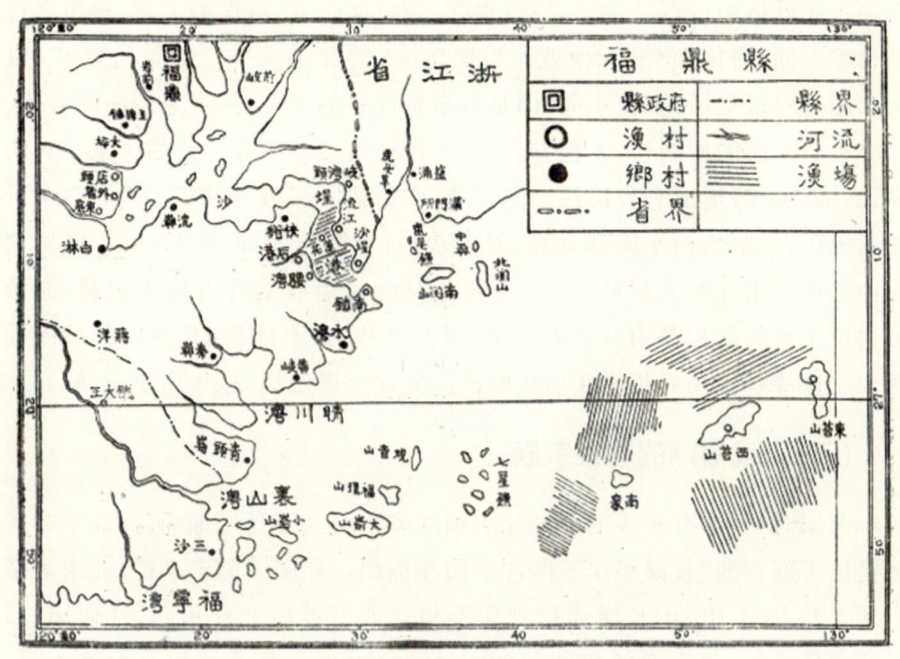

图 1 历代迁居福鼎移民时段分布简图

资料来源:根据嘉庆《福鼎县志》、光绪《福鼎县乡土志》、《福鼎文史资料》系列(第2—10、13—21、23、30、31辑)以及所搜集的族谱等民间文献整理而成。具体可参考文后附录一"历代福鼎家族迁居时序表"。

均集中于唐僖宗年间(873—888),很可能的原因是避黄巢之乱。福鼎三面环山,一面靠海,相对闭塞的天然地理条件与外部的战争相隔绝,不失为合适的栖身之所。如福鼎磻溪桑园翁氏,原籍无锡,唐僖宗时因避黄巢之乱迁居桑园村①;福鼎瀲城杨氏,唐咸通庚寅年(870年)由浦城迁居福鼎瀲城。②值得一提的是,除了外来迁居于此的移民以外,本地也生活着"白水郎"群体。弘治《八闽通志》曾云:"白水江……闽之先居海岛有七种:卢亭、白水郎、乐山、莫猺、游般子、山夷、云家之属是也。按《州志》谓,昔闽人先居海岛者有七种,或云白水郎乃卢循余种,散居海上,以船为家,冲波逆浪,略无惧惮。唐武德(618—626)中,招其首领降之。"③而光绪《福鼎县乡土志》中也

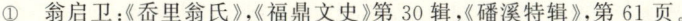

① 翁启卫:《乔里翁氏》,《福鼎文史》第30辑,《磻溪特辑》,第61页。
② 《福鼎瀲城杨氏族谱·杨氏旧谱源流序》,1984年。
③ 弘治《八闽通志》卷十二,《地理·山川》,台北:学生书局,1987年影印本,第315页。

有关于此群体的记载:"黎,一曰白水郎,系卢循余党,散居海上,与福州之村黎种类不同,捕鱼而外,无他业。以船为家,婚嫁等礼亦于船上行之。"① 以上两则史料可见所谓"白水郎"即是自东晋以来的蜑民,一说是卢循的后代。位于福鼎滨海的罗唇村,本地方言音同"卢循",二者疑有一定的关系。总的来说,福鼎沿海地区有蜑民活动的记载,在唐初时即被"招降"。现居白琳后岐的陈氏,先祖为白水郎族陈逢,号白水仙,唐乾符年间(874—879)迁居白水山之麓白水江畔之后岐村。② 史料上对此时福鼎的开发较少记载,而后岐村位于狭长的福鼎内海水道沿岸,因而这些"白水郎族"是蜑民的可能性很大。这些蜑民的后代早在唐代时已经完成上岸定居,进入历史记载。

(二)宋代福鼎的移民宗族

两宋时期,亦有较多的外姓迁居福鼎境内。就其迁出地而言,北宋时代多是位于就近的"长溪赤岸"、浙江平阳和福州。如磻溪南广李氏,北宋太平兴国二年(977年)由长溪赤岸迁居秦川之西罗浮岭北洋里,后迁居南广。又有大岳潘氏,北宋嘉祐年间(1056—1063)由福宁州迁居福鼎前岐大岳。这些较早迁居福鼎的家族抢占先机,率先发展,逐渐积累强大的实力,成为名门望族,在当地的历史发挥了较大的影响力。如磻溪林氏,北宋时由浙江昆阳(今浙江平阳县昆阳镇)迁入福鼎磻溪,该支人丁发展至今传有34代,达2400人以上(1995年统计)③,成为一支大姓。桐山西园高氏,北宋乾德元年(963年)由长乐石邑(今长乐怀安)迁入桐山西园,为桐山一大望族,纵览福鼎历代历史文献,均有诸多高氏子孙发挥重大的影响力。嘉庆《福鼎县志》载:"县城,明嘉靖三十八年(1559年),乡人筑石堡以备倭,《州志》:'高家一姓所筑'。"④ 可见甚至是清代福鼎县治所、今日福鼎的老城区,前身即是高家一姓所筑之堡。县志上也有众多高家的子孙在"艺文"、"人物"中留有记载。

---

① 光绪《福鼎县乡土志》,清光绪三十二年(1906年)刻印本,1989年福鼎方志委点校,收录福鼎市地方志编纂委员会编:《福鼎旧志集》(上),福州:福建人民出版社,2013年。为方便引用,本书中所引光绪志均引此点校版。
② 林振秋:《福鼎村庄地名探索》,《福鼎文史资料》第3辑,1984年,第115页。
③ 参见福鼎县地方志编委会编:《福鼎县志》,北京:中国统计出版社,1995年,第116~118页。
④ 嘉庆《福鼎县志》卷一,《城池》,第22页。

而南宋时代则有闽南、闽西甚至江南的延陵郡迁入福鼎。如点头朱氏，由厦门迁出，后迁居福鼎管阳金钗溪，部分分居果洋、点头。现发展人数4000多人，人称"点头朱"；磻溪吕氏，南宋时由汀州迁入磻溪；青坑吴氏，南宋景定三年（1262年）由江南延陵郡迁往兰溪（青坑）。据前辈学者研究，两宋时代江南经济重心南移，来自北方中原的移民带来了先进的生产技术和劳动力，使得福建的社会经济，尤其在沿海平原地带得到一定的开发。同时，由于福建"三山一田"的地理环境决定了可耕土地面积极其有限，出现了"人满为患"的趋势，①因而两宋时期人口激增、人地矛盾愈发尖锐的闽西、闽南地区的移民为了缓和人多地少的矛盾迁入闽东。两宋时期迁入福鼎的移民海滨、山地均有落籍。在此背景下，福鼎也进行了一定程度的开发，具有代表性的是水利设施的兴修。弘治《八闽通志》载："桐山陂，在廉江里十七都，地高少泉。宋庆历间（1041—1048），士民障海为陂，设水车灌溉田亩，至今赖之。"②沿海水利设施的兴修改善了农作物种植所需的水利条件，因此成为区域农业经济发展的先行条件，吸引了一部分移民加入围海垦田的开发中。也有一些移民进入福鼎西部进行垦殖活动。福鼎地势西高东低，如福鼎西部的管阳、磻溪，山地丘陵与山间盆地相互错杂，这些移民也加入了开发山场、从事稼穑的行列中。

（三）明代福鼎的移民宗族

另一个迁入高峰时期是在明初的洪武、永乐年间，这些移民大多数是为军户，参与军屯屯种，是与明前期军事制度的确立密切相关。在明王朝的征服过程中，有大量的人口编为军籍。福建的军户来源包括从征、归附、谪发和垛集四类，因而军户的来源不一。如玉塘夏氏，江苏定远人，因从征入军籍，永乐二年（1404年）落建宁右卫屯种于福鼎十八都大障山，后于玉塘开基，繁衍至今。③店下喻氏，永乐二年（1404年）始祖自湖南茶陵县浮桥头随军南下，同旗丁、郑、邹、易、宣六姓由福宁州迁往店下，兴修塘坝，围海垦

---

① 陈支平：《明清时期外省人口向福建的迁移》，《第七届明史国际学术讨论会论文集》，长春：东北师范大学出版社，1999年，第281~285页。
② 弘治《八闽通志》卷二十四，《食货·水利》，台北：学生书局，1987年影印本，第695页。
③ 《玉塘夏氏族谱·始祖功绩录》，2008年修，第7页。

田,①在嘉靖年间六姓之人也共筑店下堡以自卫。② 这些屯军进入福鼎开始屯种,垦殖活动对福鼎的自然环境进行一定程度的改善,进而吸引了更多移民于此定居。

明中期以后迁入的人群来源更多、更为复杂。不仅有沿海的福州、兴化、泉州,更有位于山区的浙江处州、温州以及闽西的汀州等地的移民迁入。如管阳章峰李氏,正统年间由汀州上杭县金峰里;前岐夏氏,嘉靖年间由浙江处州青田县迁至福鼎前岐。居于山者率以经济作物为业,如位于福鼎西南的十二、十三都(大致为今磻溪镇地界),居于山岭之间,"该处产竹木甚饶,编氓多以炽炭、制纸为业,间有致富者"。③ 又因其位于福宁府城霞浦至福鼎道中,因而客商往来不绝;县西北位于群山绝顶的十七都地界(大致为今管阳镇地界),此地山高早寒,土地瘠薄,并非具有大规模农业种植的地理条件。因而迁居于此的移民也据此环境而进行调适(adjustment),例如造纸、织布、种茶、栽水果等,也有一些地方小集市为这些经济作物提供市场。④ 而迁入沿海前岐、沙埕、秦屿地界的,则"以海为田"。靠海之人围海筑塘,或商业往来,而傍山之人则以耕凿为业。⑤ 至明末清初之时,也有相当一部分的移民因避战乱而迁居于福鼎。

(四)清代福鼎的移民宗族

到了康乾时期,尤其是迁界政策结束、复界之后,经过战争流离社会秩序渐趋于安定。就附录二"历代迁居福鼎家族时段分布表"所统计而言,康乾时期迁入的移民占清代的48%,而清代迁入福鼎的移民又在历代统计的56%左右。足见康乾时期迁入移民不仅在清代、更是在历代中占据一定的比例。

康乾时期的移民的来源主要有三:其一为邻近的区域,包括福宁州(府)内属县如宁德、霞浦、柘洋以及接壤的浙江温州府所辖县,如泰顺、平阳、瑞安,这些移民占其中的一大部分;其二为闽西山区汀州府地,如上杭、永定县;其三为少数来自福州府至泉州府沿海地界之民迁入。以上三种情况中

---

① 喻捷华:《店下史话》,《福鼎文史资料》第15辑,1996年。
② 嘉庆《福鼎县志》卷一,《城池》,第23页。
③ 光绪《福鼎县乡土志》,《十二、三都分编》,第275页。
④ 光绪《福鼎县乡土志》,《十七都分编》,第278页。
⑤ 光绪《福鼎县乡土志》,《一都分编》,第268~269页。

第一种最为普遍,即相邻的区域内部互相流动。如龟岭张氏,清康熙年间迁居福鼎沙埕、再迁前岐安塘街。后因躲避世乱,先后移居点头、泰顺、平阳北港最后徙回前岐龟岭定居;又如西宅王氏,天启三年(1623年)迁入浙江平阳南港,因迁界内迁福鼎叠石,复界后迁居福鼎前岐西宅。① 在面临战乱、迁界等关乎生命的重大事件时,作为浙闽分界的福鼎,它们的迁移并不受"省界"所约束,因而在这一代相邻的居民在浙南闽东这个区域内呈现频繁的流动趋势。

另外,自闽西山区来的移民也选择与其迁出地地理环境相似的区域定居,因而在福鼎境内的磻溪、前岐,多为丘陵山地地带,峰峦交错、重山阻隔,有利于移民采用其原籍地类似的生计模式加以适应新环境。这些山地经济作物也在福鼎境内一定程度的种植,如靛、茶、棉花,在明末番薯引进之后,在福鼎境内种植,一定程度也缓解了粮食紧缺的问题。②

谭其骧在其研究中认为县稳定设置是地域开发臻于成熟的标志。③ 福鼎在乾隆四年(1739年)正式设县,在谭氏的解释体系下,福鼎的地域开发渐趋完善,但并不意味着至此告一段落。设县之初正处于百废待兴的状态,因而也能继续吸引大规模移民进入福鼎垦殖。如福鼎知县岳廷元途经金钗溪中所记:"山农勤稼穑,荒坂半成园。"④位于福鼎管阳金沙溪的山地开垦活动也初具规模,山间农夫的开垦使得荒芜的山地近乎成为农园,由此可见福鼎山地开发之一斑。

同时,在这一时期新形成的畲族也从闽西山区迁入闽东,最终定居福鼎。如蓝、雷、钟等姓也在这一时期迁入福鼎的山区定居,散居于福鼎各处。光绪《福鼎县乡土志》有记:"畲民山居,习苦耐劳,而余食无节,终岁勤动,鲜有饶裕者……其氏族约分蓝、雷、钟、盘、李数姓,散居本境,在坊都之浮柳洋、麻坑底,三都之车头山,八都之才堡,十四都之梧埕,十七都之后樟,二十

---

① 上述姓氏家族的迁移史料均见附录一"历代福鼎家族迁居时序表"。为行文注释方便,下文等有关福鼎家族迁居的史料引用,均见此表,兹不赘述。

② 嘉庆《福鼎县志》卷三,《物产》,第61页,"番薯"条:"《闽书》:'郡本无此种,明万历甲午(1594年)岁荒,巡抚金学曾从外番丐种归,教民种之,以当谷食。'"

③ 谭其骧:《浙江省历代行政区域——兼论浙江各地区的开发过程》,原载杭州《东南日报》1947年10月4日,收入氏著《长水集》(上),北京:人民出版社,1987年。

④ (清)岳廷元:《金沙溪道中》,嘉庆《福鼎县志》,载《福鼎旧志集》,福州:福建人民出版社,2013年,第223页。

都之华洋、王家洋、焦宕各村,约一万二千余户,男女丁四万九千有奇。"① 可见到光绪年间畲人在福鼎境内多有分布,再查"光绪志"中福鼎丁口:"鼎民皆汉族,无旗户,男十四万六千余口,女九万四千余口。"② 尽管上述所记之"丁口"并非实数,实乃赋税单位,但可就此进行对比。此时福鼎"丁口"数量约为24万,而作为不入编户的畲人则有近5万丁口之多,超过了福鼎县"丁口"数量的五分之一。可见在福鼎作为"少数民族"的畲族其数量并不算少,也占有相当大的一部分比重。

二、福鼎移民与方言区分布的关系

历史上各个时期均有来自不同地区的移民迁入福鼎,塑造了福鼎境内移民众多、人群关系复杂的特点。这一特点集中体现于福鼎境内方言众多,不同地域而来的移民保有"离祖不离腔"的传统,至今福鼎境内所保留的六大方言区即是划分不同人群的证据。同时,移民迁入福鼎并于此开基,完成宗族建设。因而不同方言的使用人数也随着宗族的成长而不断壮大,因而逐渐在本地语言桐山话的境内逐渐形成数块彼此独立的"方言区"。但由于受福鼎本地方言的影响,这些方言均受到不同程度的侵吞、消磨,有的已改操福鼎方言,极少数仍保留自身的方言传统。现今我们仍能看见所谓"方言区"内的部分村落仍保留着操原籍方言的传统,这些即是不同地区移民的历史产物。因此尽管境内大多数移民已完成了在地化,但这些仍保留原籍方言的"方言区",能反映这些移民后裔与迁出地的对应关系。

福鼎的方言主要分成六个片区,为桐山话、闽南话、福州话、汀州话、兴化话、畲语。其中境内最广、最普遍通用的方言为县城桐山所在地的桐山方言,而桐山周边的乡镇有些许音变;闽南话的使用者占福鼎人口的三分之一,原因是福鼎境内分布有许多由闽南移民后代繁衍形成的闽南方言岛。李如龙在《福建双方言研究》中认为,福鼎是属于片状双方言区。即福鼎在乾隆四年(1739年)设县之后即有统一的行政管辖,桐山作为政治、行政、经济、文化的中心,发挥重要作用,因而桐山话作为共通语。但福鼎境内的闽

---

① 光绪《福鼎县乡土志》,《人类》,第263页。
② 光绪《福鼎县乡土志》,《户口》,第263~264页。

南话并没有被消磨,而是与桐山话长期并存、势均力敌。① 而福州话、汀州话、兴化话、畲语则是在特定的地区内星星点点地分布。

桐山话,为福州话语系的北片,其语言和现代的福州话差异较大,几乎无法通话。其分布于以福鼎桐山为中心的大多数片区,使用人口占全市一半以上,也是全市的共通语。《福鼎文史》中提及:"桐山话,是高、曹、徐、王四族桐山老所说之话。"② 前篇提及的北宋时期迁入福鼎的桐山高氏,即是最早操桐山话的姓氏家族之一。

表1　1983年统计福鼎境内闽南方言岛分布表

乡镇	村落	自然村(个)	人数(人)
前岐镇	大多数村落	448	46255
沙埕镇	大多数村落	84	28756
贯岭镇	分水关、茗洋、松阳等12个村	150	19612
叠石乡	竹阳、苏山、楼下等7个村	67	9756
嵛山乡	马祖、芦竹、鱼岛等大小岛村	31	9317
桐城街道	岭头、百胜、南阳等6个村	59	7484*
管阳镇	天竹、七蒲、管阳等4个村	34	4876
白琳镇	梗竹岔、秀洋、沿州等4个村	50	3813
点头镇	龙田、大峨、柏柳等4个村	17	2254
硖门乡	瑞云、柏洋、东稼等3个村	33	1960
店下乡	石牌、溪美、东岐等4个村	12	860
桐山街道	灰窑村	1	241

注:*此处数据统计疑有错误,原始数据为"74842",但根据表格中人数的降序排列,此处数据应介于上下栏统计数字"4876~9317"之间,另根据合计人口数据"13万多"推算此处数据可能为"7484","2"可能为其讹误,因而在表中加以纠正。若笔者估计错误,概与原作者无关。

资料来源:根据李如龙书中统计数量、分布数据编制而成,乡镇的行政区划参考当今福鼎的行政区划稍作改正。参见李如龙:《福建双方言研究》,香港:汉学出版社,1995年,第12页。

---

① 李如龙:《福建双方言研究》,香港:汉学出版社,1995年,第26页。
② 福鼎文史委:《福鼎方言琐谈》,《福鼎文史》第23辑,《旅游特辑》,2004年,第144~145页。

闽南话。福鼎市闽南方言岛最多,分布情况也较为复杂。兹根据李如龙引宁德地区地名办1983年的县乡调查统计,列如表1。福鼎境内13万人通桐山话、闽南话双方言。其中沿海的乡镇前岐、沙埕、嵛山岛以及福鼎北部与浙江接壤的贯岭、叠石均有较多数量的人群讲闽南话。究其根源还是不同时期闽南移民迁入这一地带,繁衍至今因而语言也保留至今。其大多数人是闽南泉州、漳州一代的迁入移民。代表如前岐柯湾瓦窑头李氏,万历年间由安溪湖头迁移至浙江苍南马站,后转迁福鼎;前岐薛桥蔡氏,由泉州晋江迁至前岐薛桥;薛桥王氏,顺治年间由漳州迁徙而来,定居前岐彩澳;龟岭张氏,康熙年间自安溪迁至沙埕,后至前岐龟岭定居。

值得一提的是,闽南语不仅在福鼎境内分布,还在省界之隔的另一端浙江温州沿海也有分布。这些闽南方言分布区在语言学上也有一个明确的定义"浙南闽语",其流行的片区大致为福建福鼎、霞浦以及浙江温州的苍南、平阳、洞头岛、玉环岛等地。闽东浙南由于地理相连、口音相近,因而"浙南闽语"在此区域普遍分布,这一区域的闽南语是以泉州府为中心的闽南移民为主而形成的,在移民的迁入统计中也有不少在区域内部互相迁徙的记录。

同时,查近现代的方志,位于沿海的前岐、沙埕、嵛山、店下等地,主要以渔业、水产养殖业为主,与此同时也有相当一部分的居民通过围海造塘,变斥卤为洋田,所谓"靠山吃山、靠海吃海"应为如此。另外,沙埕港也是福建沿海中天然良港之一。位于浙闽沿海交界的沙埕港在明清时期也卷入了海上贸易,甚至成为明郑势力反攻的重要据点之一。从以海为田到海上贸易的发展,从福鼎沿海地区延续至今的生计模式中无不体现着闽南人迁移与开发的痕迹。陈支平在《福建六大民系》中论闽南人为"较富冒险扩迁精神"之人,这体现在闽南人扩迁外地的足迹犹广,并且流行闽南方言的区域也不以闽南地域为限。如闽南渔民在浙江的平阳、舟山,闽东的沙埕、三沙等地均有定居,逐渐形成方言岛。① 因此福鼎沿海所形成的"闽南话"方言区,是明清时期闽南移民定居繁衍的产物,也是闽东浙南这一相连地域之间内部迁徙交流的产物。

汀州话,点状分布于福鼎境内的几个村落中。在明清时期,福鼎境内有不少闽西汀州府移民涌入,其大多进入的是福鼎西南部低山丘陵、山间盆地

---

① 陈支平:《福建六大民系》,福州:福建人民出版社,2000年,第282~283页。

交错地带。如叠石库口上游的双溪村赵氏迁居福鼎,离祖不离腔,至今也说汀州话;磻溪的小溪沈氏,清康熙年间由永定迁入磻溪小溪开基,至今也自成一族,保留汀州话的传统;点头镇碗窑村,聚居数百人,多数姓余,至今全村也保留汀州话的传统。从其村名"碗窑"能反映其经济模式可能与烧瓷造碗有关。① 但在历史发展的进程中,诸多汀州籍移民完成在地化,其方言也受桐山方言影响较多,因此如今讲汀州话的村落极少。

福州话,主要分布于福鼎东南的秦屿镇。光绪《福鼎县乡土志》有记:"七都……然地隘人稠,竹木等项悉取给于外乡,风土腔音一如省会,故又称小福州云。"②在光绪年间滨海的秦屿镇通过海洋与外界的联系颇多,可能有许多福州籍的移民、商人居于此地。

至于兴化话,沙埕的岙腰(澳腰)、后港二村12个自然村是沙埕闽南方言岛的"岛中之岛",讲兴化方言的同时,也兼通闽南话、桐山话。而关于畲语,被视为"客家话"的一支,在统计中均是于福鼎邻近的地域如泰顺、平阳、霞浦等地迁移而来。如苏木坪、岭头山雷氏,明代时由浙江平阳迁入前岐;章家岭蓝氏,顺治十七年(1660年)由泰顺仕阳鳌岭迁入章家岭;后岗头雷氏,清康熙壬寅(1662年)由浙江平阳北港迁入磻溪后岗头;湖林岙里雷氏,清乾隆年间由霞浦盐田洋边红日山迁入磻溪湖林。由于畲族保留聚居于山地的传统,因而在福鼎的境内主要分布于前岐(今佳阳)、石吏门等山区聚落。其语言是以客家方言为主体,吸收当地方言的一些语言特点而形成的混合语,可以视为客家方言的变体。③

结　语

在福鼎历代的开发过程中,不同时代、不同地域的移民先后迁居福鼎。而处于闽浙沿海地带的福鼎,三面滨海、一面阻山,与外部世界相对隔绝,其交通条件也与闽南、闽西相比较为落后。迁入此地的移民,或为逃避战乱,

---

① 福鼎文史委:《福鼎方言琐谈》,《福鼎文史》第23辑,《旅游特辑》,2004年,第144~145页。

② 光绪《福鼎县乡土志》,第272页。

③ 李如龙:《福建双方言研究》,香港:汉学出版社,1995年,第15页。

或缓和人地矛盾的压力,在不同时代均有不同数量的移民落籍于此。其中属闽南、闽西地区的移民为多,间有浙南、闽东内部流动的人群往来。这些移民带来先进的生产力、生产技术和劳动力的同时,也不同程度地塑造了福鼎的地方社会。而关于一地的开发过程,是凭一己之力在短时间难以完成的,因而移民落籍开基于此,家族规模逐渐繁衍壮大。这也奠定了宋以降的不同姓氏家族聚居于山间村落、沿海平原地带进行开发与发展的格局。明清以来不同姓氏家族迁入福鼎的数量大为增加,区域开发进入了一个新的时期,不同地域迁入的移民也带来了与原籍地相类似的生计模式进入福鼎境内。在这样的背景下,沿海移民开展围海造田、捕鱼与水产养殖,而山区移民则以造纸种茶等经济作物的种植为主。这一系列的开发也吸纳了更多的移民从事生产,因而在清康乾时期福鼎姓氏移民的迁入出现了史无前例的高峰期。为了对这一地区迅速增长的人口进行有效管理,乾隆四年的福鼎设县也应运而生。在一定的程度上,可以说福鼎的开发与建设是与移民迁入与在地化息息相关。

  与此同时,不同地域而来的移民保有"离祖不离腔"的传统,至今福鼎境内所保留的六大方言区即是划分不同人群的证据。尽管现今福鼎境内的大多数移民已完成了在地化,但这些仍保留原籍方言的"方言区",能反映这些移民后裔与迁出地的对应关系。笔者通过利用部分地方文献、文史资料、民间文献等进行初步统计,探寻出移民与方言区的分布存在着一定程度的联系。但在漫长的历史过程中,作为身份象征的"语言"逐渐被强大的本地方言桐山话所侵蚀、吞并。因而形成了所谓"片状方言区"的方言分布格局。更有甚者,形成较大的方言岛,甚至还有方言"岛中之岛"。这些方言岛与本地桐山话一并通行,这就是当今福鼎境内通行的"双方言"。本文是对迁入移民和方言分布进行初步探究,由于资料限制,本文所调查统计的部分并不能反映历史上福鼎移民迁居过程之全貌。在今后的探究中,随着地方文献,尤其是这些不同语言区内人群所保存的民间文献的发掘,这一研究可能会取得进一步突破。

附录一 历代福鼎家族迁居时序表

姓氏	世称	来源	迁入时代	最终迁居地	备注
王	透埕王	温麻（霞浦）	唐	透埕	现2000多人
黄	翁江黄氏		唐	白琳翁江	
翁		常州无锡县	唐僖宗（873—888）	桑园村	避黄巢之乱
杨	潋城杨	浦城	唐咸通庚寅（870）	福鼎潋城	至今49代，发展人数约150人
陈			唐乾符（874—879）	白琳后岐	
叶	仙蒲叶	霞浦渔洋	宋建隆元年（960）	十二、三都仙蒲	
高	西门高	长乐石岊（怀安）	北宋乾德元年（963）	桐山西园	在桐山有名望，传至今35代，发展人数约1500人
林		浙江昆阳	北宋太平兴国二年（977）	十二、三都磻溪	至今34代，发展人数约有2400人
李	南广李	长溪赤岸	北宋太平兴国二年（977）	磻溪南广	始祖李百七，太平兴国二年（977）迁居秦川之西罗浮岭北洋里，后迁居南广
邱	瑞云邱氏	永春	宋至道三年（997）	峜山	后迁居瑞云
潘	大岳潘氏	福宁州	北宋嘉祐（1056—1063）	大岳	
杜	九鲤杜		北宋元丰（1078—1085）	磻溪杜家里	分支散居福鼎各地
陈	炉屯陈	长溪上武曲	北宋大观元年（1107）	磻溪炉屯	
陈			南宋	溪头	始祖陈傅金
朱	果阳朱/点头朱	厦门	南宋	点头	先是迁居金沙溪（现金钗溪）；部分分居果阳、现大多居点头，人数4000多人
吕	磻溪吕	汀州	南宋	磻溪	开基祖吕成习

续表

姓氏	世称	来源	迁入时代	最终迁居地	备注
林	仙蒲林		南宋乾道八年（1172）	十二、三都仙蒲	先祖林京一
吴	青坑吴	延陵	南宋景定三年（1262）	兰溪（青坑）	
郑	青龙郑	福宁州崇儒	南宋德祐元年（1275）	桑海村青龙	
张		霞浦东源	宋末	十六都管溪	
周		浙江处州	宋末	十二、三都仙蒲	
黄	屯头黄氏		元		
董		浙江泰顺	元大德三年（1299）	十七都缙阳	
张		霞浦柘洋	元元统乙亥（1335）	管阳	始祖张仁侧，至今27代，发展人数约4000人
汪	茶阳汪氏	建宁	明	茶阳	
徐	上峦徐氏		明	上峦	
李		福清外宅（一说北宅）	明	武洋	从福清到沙埕再到武洋
张		寿宁	明	郑岐	
王		赤岸（霞浦）	明初	五都台家洋（台峰）	台峰村内1900人，加上散居在外共4600人
王	梅洋王	霞浦赤岸	明以后	磻溪梅洋	明洪武元年（1368）由霞浦赤岸迁寿宁王龙山，再迁磻溪梅洋
陈		长乐玉溪	明洪武初	东湾孙店乡	
周		宁德西乡	明洪武十九年（1386）	磻溪黄冈	始祖周瑶，至今28世，发展人数4100人
夏	玉塘夏	江苏定远县	明永乐二年（1404）	桐山玉塘村	始祖夏章保，至今46代，发展人数5000人
吴		南京	明永乐二年（1404）	十七都西洋	

续表

姓氏	世称	来源	迁入时代	最终迁居地	备注
裘		浙江绍兴	明永乐二年（1404）	十五都王家屿	
江		湖广	明永乐二年（1404）	十都王度	
喻		福宁州	明永乐二年（1404）	店下十二都后埕	
郑		福宁州	明永乐二年（1404）	店下十二都后埕	
邹		福宁州	明永乐二年（1404）	店下十二都后埕	
易		福宁州	明永乐二年（1404）	店下十二都后埕	
宣		福宁州	明永乐二年（1404）	店下十二都后埕	
丁		福宁州	明永乐二年（1404）	店下十二都后埕	
李		汀州上杭县金峰里	明正统（1436—1449）	管阳章峰	至今传有30代，发展人数约有4000人
王	赤溪王	霞浦赤岸	明成化（1465—1487）	赤溪东坪里	成化由霞浦赤岸迁东溪头，再迁青坑东坪
夏	前岐夏氏	浙江处州青田县	明嘉靖（1522—1566）	福鼎前岐	一理，前岐夏氏始迁祖，明嘉靖年间由浙江处州青田县迁徙至福鼎前岐，至今有400余载
赵	王孙赵	闽地	明隆庆壬申（1572）	点头王孙	南渡入闽后，第15代迁居点头王孙，清康熙乾隆时兴旺，现仅剩39人
李	柯湾瓦窑头李氏	安溪湖头	明万历（1573—1619）	福鼎前岐	万历年间从安溪湖头迁往浙江苍南县马站上魁桥头居住，后转迁福鼎前岐
秦		平阳南东庄	明万历（1573—1619）	桐山	
陈	排洋陈	管阳溪头	明万历（1573—1619）	磻溪排洋	
王	古坪头/能家浦	福宁州三十一都黄岐	明万历（1573—1619）	磻溪古坪头/能家浦	先祖王爱山，两地同宗

续表

姓氏	世称	来源	迁入时代	最终迁居地	备注
张	薛桥张氏		明万历三十八年（1610）	大坑内	万历三十八年（1610）移居大坑内，后倭患渐平招垦入浙江苍南藻溪南门，二十年后迁桐山十五都前岐彩澳
林	海尾林氏	兴化府东门外	明崇祯二年（1629）	福鼎县二都育仁里前岐安塘溪	
蔡	薛桥蔡氏	泉州晋江大南门外石狮古浮村	明崇祯三年（1630）	桐山北门新街外	耿精忠叛乱，由泉州晋江大南门外石狮古浮村迁桐山北门新街外，第三世祖蔡吉迁居前期薛桥柳板桥
林		福清	明末甲申（1644）	桐山流美（水头美）	始祖林维福，至今23代，发展人数约3400人
陈	溪口陈	浙江永嘉	明末	磻溪溪口	
郑	平美郑氏	浙江平阳北港水月村	明末清初	福鼎前岐平美	明末清初，八十四世郑道信从连江迁居浙江平阳四十七都下岙，后八十九世郑汉瑞举家从北港水月村迁到福鼎前岐平美
雷	苏木坪/岭头山雷氏	福宁州	明末清初	苏木坪/岭头山	自福宁州由雷世绵之子雷大法于明时迁入平邑大岭内，后再迁前岐凤青寮，至明末清初迁入
王		福清	清初	秦屿堡	现已13代
王		福清	清初	七都秦屿城	
王	薛桥王氏	漳州	清顺治（1644—1661）	福鼎彩澳	清初顺治年间始祖王文照携带家人，因避乱自漳州迁徙而来，定居福鼎彩澳，现居薛桥村粒沙、岭边。人丁繁衍1300多人
叶	炉屯叶	浙江泰顺	清顺治（1644—1661）	横路下店仔	
陈	炉屯洋头陈	河南淮阳	清顺治（1644—1661）	磻溪洋头	

续表

姓氏	世称	来源	迁入时代	最终迁居地	备注
蓝		泰顺仕阳鳌岭	清顺治十七年（1660）	章家岭	
罗	桑海岭头罗氏	福州永福	清康熙（1662—1722）	磻溪岭头	
洪		浙江桥墩	清康熙（1662—1722）		
孔		柘洋东峰	清康熙（1662—1722）	福鼎十七都西坑村	孔子第五十五世孙克伴号本五，江苏镇江丹徒人，明洪武元年（1368）从征得军籍，洪武十三年（1380）召其侄子袭补建宁右卫，垦种屯田。永乐二年（1404）改屯长溪柘洋。康熙年间迁入福鼎县十七都西坑村
谢		汀州	清康熙（1662—1722）	磻溪湖林	
张	龟岭张氏	安溪天山大坪	清康熙（1662—1722）	福宁州沙埕	始祖是大坪张汉慎，在康熙年间迁居福宁州沙埕，之后移前岐安塘街。二世祖香玉为躲避世乱，移居点头、泰顺、平阳北港，复回前岐龟岭定居，传十四世
梅	黄仁梅氏	浙江泰顺罗阳漈溪坪	清康熙（1662—1722）	黄仁	
萧		汀州上杭	清康熙（1662—1722）	十五都翁潭、店头	
陈		浙江苍南	清康熙（1662—1722）	磻溪杜家八岭后	杜家北岭后陈氏
郑	叶家山	泉州永春	清康熙（1662—1722）	叶家山	明末从泉州永春迁居福鼎桐山，后由桐山迁入叶家山
周	湖林周	周宁	清康熙中叶	湖林	

续表

姓氏	世称	来源	迁入时代	最终迁居地	备注
沈	小溪沈氏	永定	清康熙元年（1662）	秀洋、小溪	1662年由永定到浙江，居于瓯泰邑均山之胜地，后迁于鼎邑
雷	后岗头雷氏	浙江平阳北港	清康熙壬寅（1662）	后岗头	
雷	犁头坵雷氏	苍南县青街黄家坑	清康熙甲辰年（1664）	犁头坵	
曾	油坑曾氏	永春南溪	清康熙十五年（1676）	油坑大庄	
王	西宅王氏	平阳南港	清康熙复界（1684）后	前岐西宅	先祖入闽先居于漳州长泰县廿七都鹰山，后支派又分迁泉州南安十二都吕洋（今属南安市蓬华镇黎阳村），明天启三年（1623）王政宇兄弟与侄孙王邦璋迁入浙江温州平邑南港（今属苍南），清朝康熙平三藩收台湾时期，实施海禁，王政宇一房举家内迁叠石。复界后迁居前岐西宅
温	朝家洋温氏	汀州上杭	清康熙甲午（1714）	朝家洋	先祖温勤伟
马	蒋阳、金谷马氏	汀州上杭	清康熙五十四年（1715）	福宁州九都磻溪三十六弯南山溪	
郭	油坑郭氏	寿宁大安乡彩坑	清康熙五十四年（1715）	磻溪油坑	郭良成为肇基先祖
何	蔡家山何氏	瑞安三家村后洞山	清康熙六十一年（1722）	蔡家山	
陈	岭头陈	溪心北山	清雍正七年（1729）	磻溪岭头	始祖陈国永
雷	湖林岙里雷氏	霞浦县盐田镇洋边红日山	清乾隆（1736—1795）	磻溪湖林岙里外楼仔和磻溪柘楼仔	
蓝	排洋下盾蓝氏	浙江平阳	清乾隆（1736—1795）	磻溪排洋	

续表

姓氏	世称	来源	迁入时代	最终迁居地	备注
刘		永春	清乾隆(1736—1795)	磻溪江尾山	
江	湖林蛟龙江氏	上杭三坪	清乾隆(1736—1795)	湖林	先祖江三
缪		浙江灵溪凤池	清乾隆(1736—1795)	五蒲岭	
魏		浙江	清乾隆(1736—1795)	磻溪紫岭东洋	
黄	排头黄	宁德霍童石桥	清乾隆(1736—1795)	排头村	
黄		南安昌洋	清乾隆(1736—1795)	杜家坑料	
陈	柯湾陈氏	浙江平阳平阳藻溪昌门宫石板路	清乾隆(1736—1795)	福鼎市前岐镇柯湾村	万历年间从漳州府龙溪县天宝市北迁温州,世居平阳藻溪昌门宫石板路。后在乾隆年间迁居福鼎市前岐镇柯湾村
林	牛埕林	浙江平阳港边(苍南蕉蒲岭)	清乾隆(1736—1795)	磻溪南广	
陈	大洋陈	霞浦东关	清乾隆(1736—1795)	磻溪大洋	肇基先祖陈六
张	上洋仔	浙江平阳	清乾隆(1736—1795)	上洋仔	
蓝	南园蓝		清乾隆初	桑海村南园	肇基祖蓝国清
王	吴洋王	永定	清乾隆十四年(1749)	吴洋	先祖王世雄
蔡	金谷后门垅蔡氏	浙江平阳北港闹村	清乾隆甲午年(1774)	金谷后门垅	先祖蔡国泰
陈	阮洋陈	长乐玉溪	清乾隆五十六年(1791)	桐山阮洋亭	先由玉溪迁入崳山,后移桐山阮洋亭,始祖陈珧(左王右旦),至今23代,发展人数约4300人
刘	湖林岩柘里刘氏	柘洋上城	清乾隆六十年(1795)	湖林岩柘里	

续表

姓氏	世称	来源	迁入时代	最终迁居地	备注
温	上章温氏	贯岭分水关	清嘉庆(1796—1820)	上章	
杨	蒋阳溪南杨氏		清嘉庆(1796—1820)		
季	蒋阳溪南季氏	点头后井	清嘉庆(1796—1820)	蒋阳	
钟	后畲坑钟氏	浙江平阳	清嘉庆(1796—1820)	上洋仔、后畲坑、桑海后溪	
李	溪南李	南溪	清嘉庆(1796—1820)	溪南	
王	蒋阳鲤岗王氏	漳州漳浦	清嘉庆(1796—1820)	鲤岗	先居浙江平阳,嘉庆迁居鲤岗
黄	苏家山、后坑黄氏	宁德石塘	清道光(1821—1850)	苏家山、后坑	
颜		管阳	清道光(1821—1850)	磻溪黄冈尤家山	
连		连江	清道光(1821—1850)	沙埕	
江		连江	清道光(1821—1850)	沙埕	
雷			清咸丰(1850—1861)	朝阳村㘭尾	
雷	上洋仔	浙江苍南	清咸丰辛亥(1851)	上洋仔	
金		柘洋金家洋	清同治(1862—1874)	磻溪	先祖金日镜
雷	湖林九龙里雷氏	牛埕下	清光绪(1875—1908)	湖林九龙里	
饶	湖林蛟龙饶氏	邵武	清光绪(1875—1908)	蛟龙	先迁入石山,再迁蛟龙
姚		沙埕南镇	清光绪十七年(1891)	炉屯店仔	
蓝	桑海后溪、杜家南柄		清宣统(1909—1911)	后岗头	

续表

姓氏	世称	来源	迁入时代	最终迁居地	备注
李	蒋阳李		清宣统（1909—1911）	磻溪	
蓝			清末	冬家山、岭头山、老人坵	
曾	牛埕曾氏	泰顺吴代	清末	牛埕	
冯	蒋阳溪南冯氏	浙江平阳北港闹村	清末	磻溪溪南	
程	黄冈程氏	福安阳尾	清末	黄冈凤阳	先迁入点头程基里，再迁翠郊牛埕下，先祖程伯符迁黄冈凤阳
岳			清末	蒋阳溪口	
袁		柘洋石山	清末	磻溪大洋	
应		浙江平阳	清末	磻溪坪后	
汪	磻溪王氏	管阳茶阳	清末民初	磻溪	
纪	黄冈纪氏		清末民初	磻溪黄冈	
束	蒋阳溪口束氏	柘洋石山	民国（1912—1949）	蒋阳溪口	
卓		管洋鲤鱼溪	民国初年		
苏		南溪	民国初年	磻溪井下	
吴	金谷乌西洋吴	永春州廿九都卓浦东园		金谷乌西洋	先迁入温州平阳县廿八都宕村，又移居福鼎花门楼，终迁入金谷乌西洋
王	庄边王	霞浦赤岸		庄边	唐代宗时，迁往浙江永嘉，又迁吧车头，再迁庄边，迁入先祖王高良
陈	上盘陈	管阳溪头		磻溪上盘	

续表

姓氏	世称	来源	迁入时代	最终迁居地	备注
钟	何盾钟氏	前岐佳阳		磻溪何盾	
王	文林王氏	泉州安溪		福宁	由王邦都、王邦省从泉州安溪举家迁徙至福宁,转徙鼎邑二都武垟文林山
李	李厝里李氏	福清		福鼎南镇、前岐	
林	彩澳林氏	安溪县湖丘里涂塘赤岭		福鼎彩澳	原居泉州府安溪县湖丘里涂塘赤岭,正统随父林三禄处州府学教授,任期满还乡,林元泗在正统十四年(1449)奉父命迁至浙江平阳蒲门。顺治辛丑(1661)迁至内地,后复界(1684)返故里,第七世林应朝举家迁居福鼎彩澳

资料来源:该表以嘉庆《福鼎县志》、光绪《福鼎县乡土志》、部分《福鼎文史资料》以及所搜集族谱等民间文献整理而成。

附录二 历代迁居福鼎家族时段分布表

朝代		数量	合计	占比
唐	唐僖宗(873—888)	3	5	3.76%
	不详	2		
宋	北宋	7	15	11.28%
	南宋	8		
元	元	3	3	2.26%

续表

朝代		数量	合计	占比
明	明初	1	28	21.05%
	洪武	2		
	永乐	9		
	正统	1		
	成化	1		
	嘉靖	1		
	隆庆	1		
	万历	5		
	崇祯	3		
	不详	4		
清	明末清初	5	75	56.39%
	顺治	4		
	康熙	18		
	雍正	1		
	乾隆	17		
	嘉庆	6		
	道光	4		
	咸丰	2		
	同治	1		
	光绪	3		
	宣统	2		
	清末民初	12		
不详		7	7	5.26%
合计		133	133	1

参考文献

[1]弘治《八闽通志》,福州:福建人民出版社,1996年。

[2](明)陈子龙:《明经世文编》,明崇祯平露堂刻本。

[3]李如龙:《福建双方言研究》,香港:汉学出版社,1995年。

[4]陈支平:《福建六大民系》,福州:福建人民出版社,2000年。

[5]陈支平:《明清时期外省人口向福建的迁移》,《第七届明史国际学术讨论会论文集》,长春:东北师范大学出版社,1999年。

[6]福鼎县地方志编委会编:《福鼎县志》,北京:中国统计出版社,1995年。

[7]福鼎市地方志编纂委员会编:《福鼎旧志集》,福州:福建人民出版社,2013年。

[8]中国人民政治协商会议福建省福鼎县委员会文史编纂委员会编:《福鼎文史资料》(第3辑、第15辑、第23辑、第30辑)。

[9]《福鼎潋城杨氏族谱》,1984年修。

[10]《福鼎玉塘夏氏族谱》,2008年修。

清代福鼎县知县群体研究

厦门大学历史系　吴家洲

前　言

诚所谓:"一县得人,则一县治;一郡得人,则一郡治;一省得人,则一省治。"①"县县得人,则天下治"。② 知县是构筑一个社会体制与结构的基石,对国家管理的重要性不言而喻,对知县群体的分析,有助于我们更好地理解国家的用人政策、国家与地方社会的关系、知县群体的演变情况等内容,更加清晰的认识当时当地的社会面貌。为更好地认识清朝福鼎知县群体的情况,下文将从知县籍贯地理分布、出身背景、政绩、轶事趣闻等方面加以说明。

---

①　郑观应:《盛世危言新编》卷二,《富国二·吏治上》,清光绪二十三年(1897年)成都刻本,第32页。
②　(清)卜宝第:《整饬仕途疏》,《清经世文三编》卷二一,《治体九》,清光绪石印本,第431页。

一、清代福鼎知县的籍贯、出身

福鼎于清乾隆四年（1739年）分霞浦地置县①，至清宣统三年（1911年），凡172年，共有109任知县②（具体情况见附表1），大约一年半就要换一任知县。从乾隆四年（1739年）至道光二十九年（1849年）共有65名知县，一年内换了4任（乾隆十二年）和3任（乾隆五十五年）知县的情况各有1次，一年内换了2任知县的情况有8次，其中乾隆年间的5次、嘉庆年间的3次，能正常任满或超过一届任期（3年）的大约有7至8人。从乾隆四年（1739年）至嘉庆十一年（1806年）共有47任知县，署任③的情况有22次，约占一半，且经常出现同年、隔年有两任甚至以上署任知县的情况，署任大多是针对某种特殊情况而采取的一种临时应对措施，足见福鼎知县变更的频繁，也增加了福鼎知县群体的复杂性。

清代福鼎县的知县有籍可考者有86人，其籍贯具体分布情况如表1：

表1　1739—1911年福鼎县知县地区分布表

浙江	江苏	江西	河北	湖南	四川	云南	广西	山东	福建
12	12	8	7	8	5	4	4	3	3
山西	北京	广东	安徽	河南	湖北	贵州	陕西	旗籍	未知
3	3	3	3	3	2	1	1	1	23

据表1可知，清朝福鼎县知县的籍贯分布大致呈现出以下几个特征。第一，籍贯地理分布非常广泛，遍布于1京17省，几乎覆盖全国。这主要与

---

① 嘉庆《福鼎县志》卷一，《沿革》，台北：成文出版社，1974年，据清嘉庆十一年（1806年）刊本影印，第81页。

② 人数为108名，因资料缺失，实际人数与附表1的情况可能有差异，留待日后补充。其中比较特殊的有王应鲸，于乾隆三十六年（1771年）任知县，又于乾隆四十六年（1781年）再任。不过此事仅在清同治《福建通志》中有记载。参见（清）陈寿祺等撰：《福建通志》第五册，卷一一六，台北：华文书局股份有限公司，1968年，清同治十年（1871年）重刊本，第2165页。

③ 暂摄原任的意思，即暂时代理原任官职。是为了解决本任官员由于某种特殊情况暂时离任而采取的一种临时应变措施。

清代地方官员实行任用回避制度有关,清朝的86名知县中,唯有3名是福建籍的。康熙四十二年(1703年)规定:"选补官员所得之缺,在五百里内,均行回避,若有以远作近,以近报远,希图规避,择缺之美恶者,或经部察出,或到任后督抚题参,照规避例革职。"乾隆九年(1744年),又补充:"见任各官,有任所与原籍乡僻小路在五百里以内者,均令呈明该督抚酌量改调回避。……如应声说回避而不声说并虚捏者,一经查出,皆照例议处。"①这些规定主要是为了防止地方官员任人唯亲、徇私舞弊、结党营私等,保证吏治清明。第二,籍贯地理分布不均。以秦岭——淮河为界划分南北,南方籍贯的有65人,北方籍贯的有20人,其他的有24人,南方籍贯的人数远远超过北方。以省份来划分,浙江、江苏、江西分占前三名,三省都属于南方,与三省自宋以来就是文化教育发达的省份,也是出官员最多的地区之三是相对应的。分析其深层次原因,则与中国经济、文化中心的南移有着密切的关系,坚实的经济基础为文化的发展提供了重要的支撑。

清朝福鼎县的知县出身可考者有76人,其出身具体情况如表2所列。

表2 1739—1911年福鼎县知县出身情况表

举人	进士	监生	贡生	副榜	优贡	拔贡	副贡	廪贡生	附生	提督	未知
42	12	8	2	1	1	5	1	2	1	1	33

从表2可知,清朝福鼎知县的出身背景良好,所受教育程度较高,知县队伍总体素质较好。清承明制,"分出身之途以正仕籍"。清朝的官制规定,"凡官之出身有八:一曰进士,二曰举人,三曰贡生,四曰荫生,五曰监生,六曰生员,七曰官学生,八曰吏。无出身者,满洲、蒙古、汉军曰闲散,汉曰俊秀。各辨其正杂以分职。"②《清史稿·选举志》载:"凡满汉入仕,有科甲、贡生、监生、荫生、议叙、杂流、捐纳、官学生、俊秀。定制由科甲及恩、拔、副、岁、优、贡生、荫生出身者为正途,余为异途。"③正途,即通过科举考试取得进士、举人、贡生(恩、拔、副、岁、优)等高级学衔,或由世袭特权获得荫生的

---

① 《大清会典事例》卷一二,《吏部》,清文渊阁四库全书本,第165页。
② 昆冈等编:《钦定大清会典》卷七,上海:商务印书馆,1909年,第2页。
③ 赵尔巽等撰:《清史稿》卷一一〇,北京:中华书局,1976年,第3205页。

功名而入仕的途径;异途,即通过捐纳获得监生的功名,或因军功而入仕的途径。① 清朝福鼎县以举人、进士身份出任知县的人数达到54人,约占总人数的一半、出身可考总人数的71.05%;以监生身份出任知县的有8人,约占出身可考总人数的10.53%;以贡生(包括副榜、优贡、拔贡、副贡、廪贡生、诸生)身份出任知县的有13人,约占出身可考总人数的17.11%。不计未知出身的知县部分,可知清朝福鼎知县以正途出身出任的有67人,约占出身可考总人数的88.16%,绝对可以称"清代福鼎知县群体"是一群高素质的人才。结合附表1也可知,署任知县者的出身大都较低,以举人、贡生(大约各占一半)居多,署任过后往往派一名进士或举人出身的官员担任知县,应该主要是为了处理复杂的地方事务,加强对地方的控制。

二、清代福鼎知县群体的事功概述

《清史稿》载:"知县掌一县治理,决讼断辟,劝农赈贫,讨猾除奸,兴养立教。凡贡士、读法、养老、祀神,靡所不综。"②黄六鸿在《福惠全书》中有言:"州邑之政大而钱谷、刑名、教养、风俗,小而建制、修举、科条、庶务。"③瞿同祖先生的表述则更加直白,"作为一州一县的行政首脑,州县被要求熟悉当地的各个方面的情况并对其辖区的一切事物负有责任。尤其重要的是必须维护辖区的秩序。他是法官、税官和一般行政官。他对邮驿、盐政、保甲、警察、公共工程、仓储、社会福利、教育、宗教和礼仪事务等等都负有责任。"④可见,知县为一县之长,集行政、司法、扶贫、养老、征税、教育、祭祀等职能于一身。职能实现是知县实现地方治理的直接体现,也是知县事功的外在表达。以下主要从经济、政治、文化、教育等方面对清朝福鼎知县的事功做些说明。

---

① 李在全:《制度变革与身份转型——清末新式司法官群体的组合、结构及问题》,《近代史研究》2015年第5期。
② 《清史稿》卷一一六,《职官三》,第3357页。
③ 黄六鸿:《福惠全书》,清光绪十九年(1893年)文昌会馆刻本,自序,第2页。
④ 瞿同祖:《清代州县政府》,北京:法律出版社,2003年,第28页。

(一)政治、经济方面

福鼎地处浙闽交界地带,远离政治、经济中心地带,历来是经济欠发达地区。建县前"居民寥落,市廛阒寂,人多朴率,仪礼未谙"[①],百废待兴,自乾隆四年立县后,在各任知县的领导下,福鼎人民精诚团结,政治、经济的发展进入了新的阶段。

1. 建城市,浚河道

福鼎建县后,朝廷划拨银二万两,责令福鼎地方修城堡、建圣庙、造衙署、营仓库、买积谷等。乾隆六年(1741年)五月,知县傅维祖带领大众正式开始"度址基,采木材"修筑县城。他虽感到年老力衰,仍坚持督导,以身作则,各项事业陆续完成,花费并无超支。至乾隆七年(1742年)三月,短短10个月,"诸役告竣"。其中最重要的部分为县衙衙署,共花费银钱两千三百六十七两,在芦门巡司署的基础上,购买周边民房进行拓展。拓展后的衙署规模宏伟,正中为大堂,堂后为川亭,再进去为宅门,门左右为耳房和库藏,中间为卷亭、为二堂,堂额曰"忠爱堂",东西为客厅和书房,忠爱堂后为内宅门和内廨,还有退思楼、露亭、仪仗库、作新楼、福德祠、监狱等建筑。[②] 此后几乎历任知县均有修葺,县城规制较为完整。直至咸丰辛酉(1861年)年间,"遭平邑会匪之乱,焚掠一空",居民纷纷迁走,地上杂草丛生,几乎成了一片废墟。经过了2年左右,到同治癸亥(1863年)年间才有所改善。时任知县陈培桂十分热心社会公益事业。他在任时,不仅修昭明古塔、建文昌阁和城隍庙,还致力于扩建福鼎县城墙,把原来又矮又窄、无门无楼、墙无垛的旧土堡改建成具有一定规模的城墙。"计城厚一丈有奇,高四寻,周围六百余丈。建敌楼、炮台各四,垛三百三十,门四:南曰'迎薰';北曰'承恩',形家以东向不利,移东门于南隅,曰'和旸',西曰'庆成'。"[③]从此福鼎县城的防御力得到了极大的提升,交通顺畅程度也得到了提高,促进了经济的进一步发展。

---

① 嘉庆《福鼎县志》卷八,《艺文》,台北:成文出版社,1974年,据清嘉庆十一年(1806年)刊本影印,第840页。
② 嘉庆《福鼎县志》卷五,《公署》,台北:成文出版社,1974年,据清嘉庆十一年(1806年)刊本影印,第566页。
③ (清)黄鼎翰修:《福鼎县乡土志》,周瑞光汇编:《福鼎旧志汇编》,厦门:厦门大学出版社,2012年,第583页。

傅维祖时疏浚西关外养济院前的惠鲜井,使民得以饮。① 萧克昌时,查修月屿塘、小澜塘、安仁塘、江湾塘等水塘,保证居民灌溉用水。② 光绪十一年(1885年),新任知县王紫田带领士兵入住县城,当时城内河道淤塞严重,当地士绅请求派兵勇帮助修浚,王紫田知县慨然许诺。准备了铁锹、锄头分给士兵,并且亲自督导疏浚工程,历时8个月竣工,"计长百余丈,广三丈,深丈有奇"③,至此河道畅通,往来商船如织。

2.修城墙,筑石坝

福鼎建县后,"幅员特小,而门楼毕具,居民鳞袭,俨然一大县也"④,然双溪夹流⑤,"桐山地本低湿,总汇上游诸水,分为两川,故又名桐川。每夏秋之交,霪雨与海潮冲溢,东南一带潴为泽国"⑥,县城城墙经常坍塌,城内城外、特别是桐川下游地区屡受水灾,官民深以为患,所以历任知县不断采取各种措施防治。

福鼎县在明嘉靖年间为防止倭寇曾筑有城堡,但规制简陋,功能缺失,且在康熙年间被大水冲毁,失去了防护县城及周边地区的功能。建县当年,东城城墙被洪水冲坍一隅,傅维祖就率众复修。傅公下决心防治水患,经过考察后,发现在县城东北部,康熙三十年"游击焦云偕巡检□翰令兵民于溪头编竹垒石为坝以备涝",但在康熙五十一年(1712年)八月大雨山水陡发、坝崩,雍正八年(1730年),州牧张秉纶劝谕修筑,数年复圮。⑦ 在此基础上,乾隆七年(1742年),傅公请筑石坝,然功未毕即解任去。乾隆八年(1743

---

① 乾隆《福宁府志》卷四下,清光绪重刊本,第278页。
② 乾隆《福宁府志》卷五,清光绪重刊本,第318~320页。
③ (清)黄鼎翰修:《福鼎县乡土志》,周瑞光汇编:《福鼎旧志汇编》,厦门:厦门大学出版社,2012年,第552页。
④ 嘉庆《福鼎县志》卷八,《艺文》,台北:成文出版社,1974年,据清嘉庆十一年(1806年)刊本影印,第862页。
⑤ "双溪"在福鼎境内的走向,《福鼎县乡土志》有详尽的介绍:"一出治北十八都金尖山,南流汇南溪,至马尾折转为乌溪,逾水北,直下山前、萧家坝、后胆各溪;一出治西北王家洋、浮柳洋,东流汇于澳底,又东逾篙潭、岭头洋,历寮赖、西园、龙山、石湖,各溪总汇水头美至罾坪入海。"
⑥ (清)黄鼎翰修:《福鼎县乡土志》,周瑞光汇编:《福鼎旧志汇编》,厦门:厦门大学出版社,2012年,第584页。
⑦ 嘉庆《福鼎县志》卷二,《水利》,台北:成文出版社,1974年,据清嘉庆十一年(1806年)刊本影印,第182页。

年),知县熊煌任后,于九年"率绅士游学海、张有华等"召集工匠砌造,石坝终于完成,名"卫城坝","坝基厚三丈,面广一丈,高一丈三尺,自七星墩至前店,绵亘数里,约长千丈"①。县城城墙有了卫城坝的保护,在较长一段时间内得以无恙。可以说,北堤石坝与县城关系重大,"坝坚则有是城,坝圮则无是城"②。乾隆十六年(1751年)、乾隆十九年(1754年)两次大水又冲坏了东城隅城墙,知县高琦、何翰南先后补修。乾隆二十四年(1759年),李拔新任福宁知府,率僚属捐修福宁郡城,"饬所属各县如有坍损立即设法修补完固",知县萧克昌立即开展实地考察,得知"旧有城,外薄于溪,内侵于水,屡坏屡修",福鼎常年雨水为灾,经常导致坍损,前几任知县虽有修葺,但并没有完全修好。③ 知县萧克昌率众修复城池,并续修了南门和西城,李拔为之作记,即《福鼎县城池记》,不久后萧知县升任而去。"乾隆二十四年(1759年)夏间大水"④,北堤又被大水冲为平地。李拔亲自考察后也发现,福鼎"溪流发自浙之泰顺,走百余里,经县治东流入海,每夏秋水发,洪波巨浪,势如奔马,冲决庐舍,不可胜数。"⑤于是,他命令署令吴寿平和新知县胡建伟倡捐重修,福鼎士民踊跃捐资,总共花钱四百千有余,历时3个月完成修复,加长了北堤石坝一百一十丈,高度、厚度也都如旧。乾隆二十八年(1763年)复圮,知县赵由俶重筑增长并疏浚旧溪。⑥ 至乾隆癸巳年(1773年)夏下旬八、九两日淫雨霏,海边飓风猛袭,导致海涨,护城堤又多处坍塌。知县王应鲸带头捐俸修堤,绅士纷纷响应,从本年十月初开始兴筑,"砌石内外坚甃",历时两载,到乾隆四十年夏末终于完成,新修石坝长一百零七丈五尺,每丈费钱七千二八,坝高连基一丈六尺,面阔一丈五尺,基阔三丈;并且修复

---

① (清)黄鼎翰修:《福鼎县乡土志》,周瑞光汇编:《福鼎旧志汇编》,厦门:厦门大学出版社,2012年,第584页。

② 嘉庆《福鼎县志》卷八,《艺文》,台北:成文出版社,1974年,据清嘉庆十一年(1806年)刊本影印,第862页。

③ 嘉庆《福鼎县志》卷八,《艺文》,台北:成文出版社,1974年,据清嘉庆十一年(1806年)刊本影印,第856页。

④ 乾隆《福宁府志》卷四下,清光绪重刊本,第269页。

⑤ 嘉庆《福鼎县志》卷八,《艺文》,台北:成文出版社,1974年,据清嘉庆十一年(1806年)刊本影印,第858页。

⑥ 嘉庆《福鼎县志》卷二,《水利》,台北:成文出版社,1974年,据清嘉庆十一年(1806年)刊本影印,第183页。

了旧坝伏龟共七十七丈,阔二丈,共费银一千零九十六两二钱。① 这次福鼎县护城堤修筑的规模、坚固程度都超过以往,使县城及周边地区在很长一段时间内免受水患。嘉庆年间,知县岳廷元又对北堤进行了补修。道光三十年(1850年)何锦云任知县,注意兴修水利,他考察时发现夏秋季节大雨,东溪往往也会上涨倒灌县城,于是率众修筑近千丈石坝②,县城得保无虞。卫城坝和这些新修的石坝直到清末仍发挥着重要作用,直至民国时期溪流改道,其防御水灾的作用才逐渐散失。

3. 建仓库,利民生

首任知县傅维祖于乾隆六年(1741年),在西郊外建养济院,屋三间、两庑各六间,共15间。③ 同年,在坊莲池社建了6间恒丰仓,乾隆七年(1742年)增建6间,共12间,以备饥荒,同时起到平抑粮食价格的作用。乾隆八年(1743年),熊煌任知县时,在傅维祖的基础上增建6间恒丰仓。乾隆九年(1744年),又增建3间。乾隆十年(1745年),增建3间,把规模扩大到了24间。乾隆三十三年(1768年),知县赵由俶又增建6间,共计30间。恒丰仓和原有的常平仓主要用来"分储官民捐谷、新监谷及耗米易收筹备谷",共储谷三万三千三百石有奇。④ 傅维祖任知县时,适逢国家渔船税改革,税收奇重,渔民不堪重负。傅公深思熟虑,将福鼎大小商渔船"编为海、晏、河、清四字号","海字号年征税银一两,晏字号年征税银五钱,河字号年征税银三钱",清字号则属一些有底无盖的小船,每年征税并无定额,视实际情况而定。按此,福鼎县每年可以收取大约一百多两的税银,大大减轻了渔民们的

---

① 嘉庆《福鼎县志》卷八,《艺文》,台北:成文出版社,1974年,据清嘉庆十一年(1806年)刊本影印,第863页。

② (清)黄鼎翰修:《福鼎县乡土志》,周瑞光汇编:《福鼎旧志汇编》,厦门:厦门大学出版社,2012年,第550页。

③ 嘉庆《福鼎县志》卷三,《户口》,台北:成文出版社,1974年,据清嘉庆十一年(1806年)刊本影印,第271页。

④ 嘉庆《福鼎县志》卷三,《仓储》,台北:成文出版社,1974年,据清嘉庆十一年(1806年)刊本影印,第324页。

负担。① 乾隆二十年(1755年)知县萧克昌在郑贵桥官路上建义塚②；乾隆二十二年(1757年)修建社仓，在坊社3间、二都前岐社3间、五都城门仔社3间、九都激城社4间、十一都峡门社3间、十五都倪家地社3间、十六都王孙社3间、十八都透埕社3间，共八社25间，分贮谷四千一百七十石八斗有奇。③ 嘉庆六年(1801年)，知县岳廷元详请举充社长分设在城厢东西南北为四社，每社领管谷二百二十二石三斗六升七合。④ 同年，倡建水北桥，桥长五十余丈，方便民众通行。乾隆三十二年(1767年)，署知县潘鸣谦在贡生施大恩、参将施如宪的帮助下，在南郊外倡建普济堂、育婴堂。⑤ 嘉庆十年(1805年)，谭抡任知县时，适逢大灾，他一边劝课农桑、一边赈灾，使得"富者以安，贫者以活"⑥。福鼎初立县时，民数仅四千一百有奇，经过66年的发展，生齿日繁，至嘉庆十年(1805年)，本境土著流寓，共四万户有奇，民众皆汉族，没有旗户，其中男十四万六千余口，女九万四千余口。⑦ 乾隆十七年(1752年)时，知县何翰南捐建分水公馆。⑧ 邓嘉绳于光绪初宰鼎邑，福鼎旧有溺女婴的风气，邓嘉绳听说后十分悲伤，于是他决心改变这样的陈规陋习，采取堵疏结合的方法，一方面在南门外筹建育婴堂，另一方面制定法规制度，并将建完育婴堂剩下的资金放进质库生息，以利息所得赡养女婴，每年规定养育女婴40名，直至民国福鼎民众还遵守旧章，众多女婴得以存

---

① 嘉庆《福鼎县志》卷三，《田赋》，台北：成文出版社，1974年，据清嘉庆十一年(1806年)刊本影印，第252页。

② 嘉庆《福鼎县志》卷三，《户口》，台北：成文出版社，1974年，据清嘉庆十一年(1806年)刊本影印，第272页。

③ 嘉庆《福鼎县志》卷三，《仓储》，台北：成文出版社，1974年，据清嘉庆十一年(1806年)刊本影印，第325页。

④ 嘉庆《福鼎县志》卷三，《仓储》，台北：成文出版社，1974年，据清嘉庆十一年(1806年)刊本影印，第326页。

⑤ 嘉庆《福鼎县志》卷三，《户口》，台北：成文出版社，1974年，据清嘉庆十一年(1806年)刊本影印，第271页。

⑥ (清)黄鼎翰修：《福鼎县乡土志》，周瑞光汇编：《福鼎旧志汇编》，厦门：厦门大学出版社，2012年，第550页。

⑦ (清)黄鼎翰修：《福鼎县乡土志》，周瑞光汇编：《福鼎旧志汇编》，厦门：厦门大学出版社，2012年，第580～581页。

⑧ 嘉庆《福鼎县志》卷八，《艺文》，台北：成文出版社，1974年，据清嘉庆十一年(1806年)刊本影印，第580页。

活。① 丁芳在任时,创建"民豫义仓",从募集经费、建设仓库、捐献谷子等各项活动,事必躬亲,建仓期间天天微服混杂于民工之中,还将薪俸的一半用于捐建仓库。余树千时"倡建城乡义仓"②。

4. 维护地方秩序

维护地方秩序方面,包括刑名、除盗、禁赌、教化等。首任知县傅维祖,平日关心民众疾苦,审理、判决案件非常的"明慎平允"③。乾隆二十年(1755年)任知县的萧克昌,非常的有行政才能,兴利除弊,洁己爱民,遇事英明果决,在官五年,多善政。④ 道光间知县何锦云刚上任时,福鼎县境匪患猖獗,邻境土匪也蠢蠢欲动,何知县"因练乡团,严防堵以清内奸"⑤。咸丰间知县张多第任职前,县境有剧盗,据山为巢,党羽渐渐增多,以前官府即使派遣健壮的衙役去擒拿,也不敢深入。张知县到任前先摸清楚情况,到任后不动声色,随后果断采取措施将盗贼一网成擒。⑥ 同治间,知县陈庆生"学道爱人,有古循吏风",遇到民众有诉讼案件,马上升堂断决,绝不积压。如果有疑问,则亲自骑马带着两三个仆从到当地调查,询问父老乡亲,辨明是非曲直,车马、吃喝等费用都是自己出,不取公家和百姓一分钱。几年后,县邑诉讼日渐稀少。⑦ 在防治盗匪、禁止赌博上,光绪年间知县丁芳政绩显著。据刘顺庸先生回忆,丁知县上任不久,得知县邑赌博泛滥、盗贼猖獗,决定从治理社会秩序入手。他制造了两个木栅枷笼,摆在县衙大门两侧:一个关押赌博犯人,一个关押盗贼犯人。这样的措施取得了良好的效果,据说实

---

① (清)黄鼎翰修:《福鼎县乡土志》,周瑞光汇编:《福鼎旧志汇编》,厦门:厦门大学出版社,2012年,第551页。
② (清)黄鼎翰修:《福鼎县乡土志》,周瑞光汇编:《福鼎旧志汇编》,厦门:厦门大学出版社,2012年,第552页。
③ (清)黄鼎翰修:《福鼎县乡土志》,周瑞光汇编:《福鼎旧志汇编》,厦门:厦门大学出版社,2012年,第550页。
④ 嘉庆《福鼎县志》卷五,台北:成文出版社,1974年,据清嘉庆十一年(1806年)刊本影印,第540页。
⑤ (清)黄鼎翰修:《福鼎县乡土志》,周瑞光汇编:《福鼎旧志汇编》,厦门:厦门大学出版社,2012年,第550页。
⑥ (清)黄鼎翰修:《福鼎县乡土志》,周瑞光汇编:《福鼎旧志汇编》,厦门:厦门大学出版社,2012年,第551页。
⑦ (清)黄鼎翰修:《福鼎县乡土志》,周瑞光汇编:《福鼎旧志汇编》,厦门:厦门大学出版社,2012年,第551页。

施后木栅枷笼只有关过 4 个人,社会秩序为之肃然。① 光绪十七年(1891年)知县丁芳,"敦朴素,矜明察,摘奸发伏,人不能欺。每折狱升堂,辩滔滔,不见痒痛"。②

(二)文化、教育方面

文化、教育是一个地区政治、经济发展的重要支撑,还事关官员政绩,所以几乎历任知县都十分重视文化、教育建设。

1. 县学的建立

首任知县傅维祖于清乾隆六年(1741 年)创立福鼎县学,包括文庙和儒学。文庙建在县城南关外,包括大成殿、名宦祠、乡贤祠、泮池、崇圣殿、奎光阁等部分;儒学在庙的西面,包括明伦堂、训导署、仪门等部分。③ 傅公又动员邑民捐献田亩作学田,如诸生王凤翔捐田一十一亩,监生庄逢景捐屯田四十三亩,邑人何君隆捐田一亩零一厘等。④ 以往福鼎学子求学、考取功名,最近的地方也要奔赴霞浦,不仅路途遥远,而且交通不便、信息滞后,教育一直未有起色。自福鼎县学立后,教育风气渐开,中科举人数比以往增加不知凡几。何翰南时又增修县学学宫,到萧克昌时,再次修理县学学宫,修建卧碑、增学署、修朱文公祠,宫墙为之改观。同时在学宫周围栽种了很多树木,修理、栽树的费用大多来自当地士民捐款,学宫的环境更加优美、秩序更加井然。乾隆二十一年(1756 年)时,萧公还在城内、七都秦屿、十五都店头建立社学⑤,并聘请老师教乡间子弟。当时全县参加县学考试的童生已有三四百名。清嘉庆十一年(1806 年)前,福鼎县士子考试的时候没有考棚,考试的时候都是借用县衙,考生还要自己准备几案,非常的不方便。于是知县

---

① 参见刘顺庸:《三座"去思碑"的轶事》,《福鼎文史资料》第 15 辑,1997 年,第 121~128 页。

② (清)黄鼎翰修:《福鼎县乡土志》,周瑞光汇编:《福鼎旧志汇编》,厦门:厦门大学出版社,2012 年,第 551 页。

③ 嘉庆《福鼎县志》卷三,《学校》,台北:成文出版社,1974 年,据清嘉庆十一年(1806年)刊本影印,第 328 页。

④ 嘉庆《福鼎县志》卷三,《学校》,台北:成文出版社,1974 年,据清嘉庆十一年(1806年)刊本影印,第 341 页。

⑤ 嘉庆《福鼎县志》卷三,《学校》,台北:成文出版社,1974 年,据清嘉庆十一年(1806年)刊本影印,第 343 页。

何锦云筹款兴建考棚,"并拟置宾兴田亩",用来资助乡会士子,但离任时还未完成,最后在随后两任知县李树泽、高鸿飞的任上完成。咸丰间知县张多第十分爱惜读书人,"教养兼至",离任后捐白金三百,委托邑绅代理放贷生息,每逢科举年份,将利息钱分给入闱的考生,"名为烛赀云"。

2. 桐山书院的创办

高琦,乾隆十三年(1748年)任职福鼎,他秉承"为政之道在教化,而教化之行端自学校始"①的理念,扩充义学之制,于乾隆十五年(1750年)在地方绅士的帮助下得金千余、在县城东南隅(即城中莲池社)划地二亩建桐山书院,其规模宏敞,中间为讲堂,讲堂左右面南为两厅、东西向为两庑,还有书室、茶房、厨房、水井等,外侧还有小溪流过,架桥与书院相通,景色优美。当时士民共捐田二分九釐,每年收入用作修补之费,并"复编查充公田产,详拨入院。于是师生束脩、膏火得所资,而教养尽善"②。其实高琦前任知县徐德峻已有志建立书院以培养人才,徐知县"捐俸金以为权与"③,选择诚实绅士出任董事,率领县内士庶无论远近、勿拘多寡,量力捐输,共建书院。原计划选择地块、召集工人、聘请教士,次第举行,然未付处实践就已调任,最终这一目标在高知县的任上得以实现。桐山书院是福鼎第一座官办书院④,意义重大,至此,福鼎教育的发展进入了一个新的阶段。桐山书院设立后,高琦虽采取了一些措施保证膏火,但维持书院日常运行管理的费用并没有保障,真正来就学的学子并不多。乾隆二十年(1755年),萧克昌考虑到这个情况,与当地士人商议,倡捐教育经费,带头捐俸禄1000两以资书院膏火,并将此银放在盐馆生息,按月支取息银15两,分给生童膏火。⑤还拜访有才能的人,聘请其担任教师,并将捐款所得用于资助人才,书院选择生、

---

① 乾隆《福宁府志》卷四下,清光绪重刊本,第809页。
② (清)黄鼎翰修:《福鼎县乡土志》,周瑞光汇编:《福鼎旧志汇编》,厦门:厦门大学出版社,2012年,第550页。
③ 嘉庆《福鼎县志》卷八,《艺文》,台北:成文出版社,1974年,据清嘉庆十一年(1806年)刊本影印,第887页。
④ 福鼎最早的书院,当上推唐代的草堂书院;宋代有名的书院,为潋村杨家的石湖书院;元代则为仙蒲林家举办的义学;明代桐山高家在圆觉寺办家塾;但是以上均为私人办学。
⑤ 白荣敏:《"福鼎史话"之三十九:百政待举,民生为重》,《福鼎周刊》,2013年3月20日第3版。

童各 15 人,生每月资助银 6 钱、童每月资助银 4 钱。同时极力改善其他学子们的就学条件,使他们免去后顾之忧,专心治学。王应鲸时,继续加强书院的各项制度建设,其《听桐山书院读书》诗云:"满院飚凉秋气生,动人最是读书声。地分南北乡音迥,吟彻东西逸韵清。开我襟怀惟响籁,羡渠头角各峥嵘。何当雨露滋培厚,玉树森森发秀英。"①可以看出王知县对书院学子的殷切期望。谭抢时重修桐山书院,此后各位知县都有修补。同治时,福鼎盐政改归官办,正好陈庆生接任知县,他知道"旧有书院膏火款计千金为磋贾乾没"②,力请盐运司提款拨还,但是额度还是不足,又捐廉弥补。清末康林桂时,详拨寺产,充入书院,以补日常开支。③ 桐山书院的历史一直延续到光绪三十一年(1905 年)科举制度结束。今书院已无存,在原址上兴建了福鼎市实验小学,仍引领着福鼎教育前行,正如"福鼎实验小学校之歌"所言"你从桐山书院一路走来,成功的脚印星星般闪亮"。

3. 知县有关著述

知县谭抢,"卓著循声,以移风易俗为己任"④。福鼎自建县以来,"志乘缺如",历任知县大多忙于政事,无暇修志,又修纂费用甚巨,无力修志。他担心礼仪教化、前朝故事多就湮没,他强调"郡县之有志,犹国之有史",志书上的内容不仅可以作为施政者治理地方的参考资料,还可以作为劝惩的依据,更重要的是具有教化的功能,干系甚大,必须设法修纂。于是设立志书局,召集县邑中的能文士人孝廉王锡龄、施如全等人分路采访编辑,都人士共襄盛举。修志的过程中,他们秉承"信而有征者从之,乖异传疑者不录。至于人物一门,去取犹严。乡评不宽于国论,亦所以昭其慎也"的原则。追求信、严、慎,所录事实以经史为本,参考百家传记,再核准于各省、郡志和明

① 嘉庆《福鼎县志》卷五,台北:成文出版社,1974 年,据清嘉庆十一年(1806 年)刊本影印,第 940 页。
② (清)黄鼎翰修:《福鼎县乡土志》,周瑞光汇编:《福鼎旧志汇编》,厦门:厦门大学出版社,2012 年,第 551 页。
③ (清)黄鼎翰修:《福鼎县乡土志》,周瑞光汇编:《福鼎旧志汇编》,厦门:厦门大学出版社,2012 年,第 552 页。
④ (清)黄鼎翰修:《福鼎县乡土志》,周瑞光汇编:《福鼎旧志汇编》,厦门:厦门大学出版社,2012 年,第 550 页。

代的福宁州志以及《三山志》。① 不到一年,修成《福鼎县志》共三十四卷。这是福鼎第一部县志,也是保存最完好、价值最大的一部县志。

乾隆二十四年(1759年)知县冯拭褒,曾监修《福宁府志》;乾隆二十五年(1760年)知县胡建伟,曾分编《福宁府志》。② 同治年间,陈培桂修《淡水厅志》十五卷。③ 乾隆三十六年(1771年)知县王应鲸,著有《桐山余书》④。

光绪年间黄鼎翰任知县时,距离谭抡编纂志书已及百年,旧志大部毁于兵燹,剩下的残缺不可校。恰好朝廷令地方编纂乡土志,于是黄知县征集县邑士孔昭淦、高维崧、江本侃、周梦虞、曾崧、李梦星等,"更事者司采访,能文者司撰述,排比经纬",自总其成,历时五月于光绪三十二年(1906年)完成《福鼎县乡土志》的编纂,"为编二十八,为表六,都为四卷"⑤,以供小学教科书之用。

据《鄞县通志》载,傅维祖回到家乡后,还将自己所著的诗文分别整理成《诗稿》、《海峰文集》二书,其中,《诗稿》由其子傅琦所编,分为"云心诗钞"、"燕山旅草"、"闽游宦稿"、"癸卯偶存"四章,共收七律二百三十首、七古十一首。

需要指出的事,福鼎各类公共设施诸如城池、学校、书院以及道路、桥梁等的修建,大都是福鼎人民鼎力相助的结果。《福宁府志》载:"鼎邑风俗士尚慷慨,民各气矜,富者好施,贫者好义,遇有公事争趋乐赴。"这大概也是福鼎自立县以来,各任知县能取得比较大政绩的原因所在。

三、清代福鼎知县群体轶事趣闻及有关评价

傅维祖 首任知县。傅维祖未出任官员的时候滞留京师,"梦籤掣福鼎",醒来后查看各省所辖县名,并无福鼎,以为梦境荒唐,也没有去关注它,

---

① 白荣敏:《"福鼎史话"之七十一:高琦兴学,谭抡修志》,《福鼎周刊》,2013年11月13日,第3版。
② 《福鼎文史资料》第8辑,1989年,第155页。
③ (清)丁立中撰:《八千卷楼书目》卷七,《史部》,民国本,第165页。
④ 《福鼎文史资料》第8辑,1989年,第156页。
⑤ (清)黄鼎翰修:《福鼎县乡土志》,周瑞光汇编:《福鼎旧志汇编》,厦门:厦门大学出版社,2012年,第544页。

不久后就忘记了。在漳平担任五年知县后,到乾隆四年(1739年),朝廷分霞浦东北路为福鼎县,并派他担任知县,想起以前的梦境,才知道是应验于此。在福鼎任过3年后,各项事业都安排就绪,他自己也感已年迈、筋衰力疲,懒于仕进,循例乞休,告老还乡,他十分感慨,作了《解组诗》三首,其一云:"自顾头颅鬓已斑,诗筒钓艇好闲闲。经时素志讵如许,开县微劳且尽删。衰鬓不争涂抹巧,疏慵怕列缙绅班。若还犹作奔驰态,恐有移文出北山。"其二云:"锦衣脱却拟归时,先向山僧乞竹枝。垂老步随扶老稳,竹方性与物方宜。拨云采药消清福,印雪寻梅访旧知。棕笠芒鞋游五岳,此君相伴不相离。"其三曰:"酒饮微醺花半开,总留不尽待将来。急流能退方成勇,烈火刚腾定作灰。叠受君恩无报称,转惊年齿赋归来。桐山缔造苟完矣,换着荷衣归旧苔。"①可以看出他对福鼎民众的拳拳之心。正是在傅知县的勤政下,福鼎县公署、学宫、祠坛、庙宇等创立完备,风气初开,用傅老的话说就是"莅兹三载,寥落者渐以稠密,阒寂者渐以杂遝,人皆仪礼是尚,而朴率之风非旧"②,为今后福鼎的持续快速发展奠定了坚实的基础。离鼎时,桐城士民夹道欢送,途为之塞。

萧克昌 乾隆二十年(1755年)任知县,在职期间建立社学,延请名师担任教习。他打听到黄瑞鹤(蜀西充任,乾隆丙辰进士)原本是长乐知县,潜心古学,兼通地理,后因犯错去官,囊空如洗,在漳泉间糊口。就聘请他为山长,教授诸生,成就颇多,二年后因病去世,郡守李拔悯其贫送他归葬故里。③

谭 抡 嘉庆十年(1805年)任知县,大约于第二年离任,在短短一年多时间,离开的时候,居然"父老攀留,至有泣下者",福鼎士民为其立生祠于桐山书院。④

邓贤澍 道光年间任知县,"生平言笑不苟,在官谨守法度,虽小必慎,

---

① 嘉庆《福鼎县志》卷五,台北:成文出版社,1974年,据清嘉庆十一年(1806年)刊本影印,第942~944页。
② 嘉庆《福鼎县志》卷五,台北:成文出版社,1974年,据清嘉庆十一年(1806年)刊本影印,第843页。
③ 乾隆《福宁府志》卷二八,清光绪重刊本,第1752~1753页。
④ 白荣敏:《"福鼎史话"之四十:兴利除弊,遗泽在民》,《福鼎周刊》,2013年3月27日第3版。

上官咸重之,及归两袖清风,兄弟四人各分祖遗田租十余石,处之晏如也。"①

包巽权 道光八年(1828年)任知县,清正廉洁,以"不贪为宝"。任职期间,"不名一钱"。儿子随身服侍,已经三十多了也没有娶亲。包知县调到其他地方后,有一次碰到贼寇攻占了县城,他穿好官服升堂,正襟危坐堂上,准备从容就义,贼寇震慑于他的义气不敢杀,撤出了县城。②

何锦云 道光年间任知县。一次遇到"属有疾暴剧,士民争为设斋祈祷,疾寻愈",当鼎邑士民知道他要升任后乞求他留下,但按例不可得,于是士民为之立生祠。在何知县任职的其他地方情况大抵相同,这和他治下政治清明、尽职尽责、体谅百姓有关。他从来不肯对上官献媚,然后上官知其才能,常常委以重任。文镕任福建巡抚时对他尤其器重,想要提拔他为通判,然后何公感到自己年岁已大,没有几年可活,遂称病申请告老还乡。在家乡他又热心于社会公益事业,捐庙、修桥、建塔,创办洞庭救生局。③并在鹿角湖上建敦善堂,"施棺救生事"④,被当地人称为何善人。

张多第 咸丰年间任知县,"秉性慈祥,秉公勤谨……听讼不尚系断,劝捐不士身人之所难"。⑤

陈培桂 同治年间任知县。陈知县在修建完城隍庙后,立即在庙里召开"扩建城墙会议",因资金过巨,始终无法落实,会议开了三天无果。这时,有位梁姓商人在旁边插嘴说:"上面难办,就放到下面去办,大家看行不行?"与会的士绅看是个商人就不理会,但陈知县却认为商人比士绅更精于营造之事,就请这位商人坐下详谈。梁姓商人建议将工程分发给基层包干,不搞募捐、也不派款。陈知县采纳他的建议,很快制定了建城方案。四个城门楼发给一都的北门、城里、南门(以西门高姓和玉塘夏姓为主)包干。城墙全长分为十九段,发给全县十九个外都包干,按各都人口数确定每段的长短。小南门内开挖一条小河,由桐山营士兵承担,一切工料和伙食全部自筹自理,县衙不拨款,只制作两面锦旗推动竞赛开展评比。同时,陈知县任命梁姓商

---

① 光绪《湖南通志》卷一八四,清光绪十一年(1885年)刻本,第14092页。
② (清)黄鼎翰修:《福鼎县乡土志》,周瑞光汇编:《福鼎旧志汇编》,厦门:厦门大学出版社,2012年,第552页。
③ 光绪《巴陵县志》卷三七,清光绪十七年(1891年)岳州府四县本,第1290~1292页。
④ 光绪《湖南通志》卷一九一,清光绪十一年(1885年)刻本,第6320页。
⑤ 光绪《屏南县志》,清光绪三十四年(1908年)抄本,第343页。

人为工程总指挥,总部设在城隍庙。经过一年多时间,工程即告竣。陈知县还亲自为城门楼北门题名,落款"知事陈培桂"五字。事后,陈知县聘请梁姓商人担任他的师爷,梁姓商人此后还再当了两任师爷。①

丁　芳　光绪十七年(1891年)任知县。前文已经提到丁芳在县衙前摆了两个木栅枷笼,据说有一个叫"塘里棉"的惯偷能飞檐走壁,曾在当铺楼上棉被堆里住了几个月,夜夜出入,无人知觉。后来怕被抓去站笼示众,带着徒众,逃出鼎邑。清朝时,福鼎地方知县上任,地方游击不必去迎接,而游击上任时,知县必须带领官员去五里牌迎接。因游击是带兵武官,都是旗人担任的。丁知县在任期间,有一次一位游击上任,他没有去迎接,师爷问他何故?他跷起脚指着鞋子不语,师爷会意,是说他底子厚不怕跌倒。原来丁芳是科举进士出身,为人刚直,以前就是因为得罪权贵而降为县官的。从中可看出丁知县刚直不阿,蔑视权贵。在丁知县修建"民豫义仓"期间也发生了很多故事,一则为:丁知县创建"民豫义仓"时,有一天,他亲自发给每位建仓民工五个光饼做点心,一民工却发牢骚说县太爷太小气了,五个饼才五文钱,他不稀罕,就将光饼吊挂在背上。丁知县看见了就问他为何不吃,这民工好久才回答:"太爷赏的饼我舍不得吃,带回家孝敬老母。"丁知县信以为真,夸他孝顺,再给他五个饼让他自己吃,在场的民工都暗笑他受骗了。另一则为:有一次省里某一委员到县里住了十多天,走后账房拿账单请批,丁知县看了好久,叹息说:"太浪费了,这十元钱可以给我的义仓解决半溜的橡木。"可见他的清正廉洁。②

据说,福鼎旧县衙门厅东侧走廊上,立有五座"去思碑",其中清代四位、民国一位,以颂扬其德政、表达去后留思之意。碑高约3米,宽约1米。可惜后来国民党县长邓宗海改建县府大门时,将其拆除,以致现今鲜为人知。③ 笔者查阅府志、县志及其他地方史料也未找到有关记载,据刘顺庸先生的回忆,后三座碑记载的是清代的陈培桂、丁芳和民国时期的陈廷衡。至

---

① 参见刘顺庸:《三座"去思碑"的轶事》,《福鼎文史资料》第15辑,1997年,第121~128页。据作者回忆说是少年时在梁宅店前一家药铺当学徒期间,听梁姓商人后代谈起的。

② 参见刘顺庸:《三座"去思碑"的轶事》,《福鼎文史资料》第15辑,1997年,第121~128页。

③ 参见白荣敏:《"福鼎史话"之七十一:高琦兴学,谭抡修志》,《福鼎周刊》,2013年11月13日第3版。刘顺庸:《三座"去思碑"的轶事》,《福鼎文史资料》第15辑,1997年,第121~128页。

于前两座分别所记何人,则不得而知。据白荣敏先生结合县志考证推测,可能是清代的高琦和谭抢。

考福鼎清代知县政绩突出者,《福鼎县乡土志》"政绩"条记载的有:傅维祖、高琦、萧克昌、谭抢、何锦云、张多第、陈培桂、陈庆生、邓嘉绳、王紫田、丁芳,共11人,又附载的有余树千、康林桂、包罢权3人,但"格于例目,未得与诸公并列",然即使所记者"政绩"也十分简略。由于咸丰年间县治桐山遭金钱会起义兵火,档案焚毁殆尽,即使再查缺补漏,资料所限,对清代福鼎知县群体的研究难免有所偏颇,但大致应该可以看出清代福鼎知县群体为政治安定、经济发展、文明积累等所做的贡献。正是由于他们的贡献,福鼎成为"福德之邦,鼎盛之地",福鼎人民得以持续享有历代物质和精神文明成果,他们的功劳永远值得福鼎人民铭记。

附表1　1739—1911年福鼎县知县情况表

序号	姓名	籍贯	出身	就职时间	备注
1	傅维祖	浙江	举人	乾隆四年(1739)	
2	孙日萃	安徽		乾隆八年(1743)	署任
3	熊　煌	云南	进士	乾隆八年(1743)	
4	邱时随	江西	进士	乾隆十二年(1747)	
5	庄　成	江苏	举人	乾隆十二年(1747)	
6	岑尧臣	北京	监生	乾隆十二年(1747)	署任
7	徐德峻	浙江	进士	乾隆十二年(1747)	
8	高　琦	江苏	举人	乾隆十三年(1748)	
9	何翰南	湖南	举人	乾隆十七年(1752)	署任
10	许廷训	江苏	拔贡	乾隆十七年(1752)	署任
11	夏　瑚	浙江	监生	乾隆十八年(1753)	署任
12	萧克昌*	陕西	举人	乾隆二十年(1755)	
13	冯拭襃	浙江	贡生	乾隆二十四年(1759)	
14	吴寿平	浙江	举人	乾隆二十四年(1759)	署任
15	胡建伟	广东	进士	乾隆二十五年(1760)	
16	钱玉荣	福建	监生	乾隆二十五年(1760)	署任
17	赵由俶	江西	副榜	乾隆二十八年(1763)	

续表

序号	姓名	籍贯	出身	就职时间	备注
18	潘鸣谦	四川	举人	乾隆三十一年(1766)	
19	何卓然	镶红旗汉军	举人	乾隆三十三年(1768)	
20	熊 琛	江西	举人	乾隆三十五年(1775)	
21	蔡承烈	江西	举人	乾隆三十五年(1770)	
22	王应鲸	河北	举人	乾隆三十六年(1771)	
23	周 垣			乾隆三十九年(1774)	藩司经厅,署任
24	陆士焜	浙江		乾隆四十二年(1777)	署任
25	李廷彩	湖北	贡生	乾隆四十二年(1777)	
26	张道昌	山西	举人	乾隆四十三年(1778)	
27	洪 智	福建		乾隆四十四年(1779)	署任
28	陈 惠	河北	举人	乾隆四十五年(1780)	署任
29	王应鲸	河北	举人	乾隆四十六年(1781)	
30	王克预	山东	举人	乾隆四十八年(1783)	署任
31	孙尚简	山东	进士	乾隆四十九年(1784)	
32	洪昌国	江苏	监生	乾隆五十年(1785)	署任
33	李其沛	河北	举人	乾隆五十一年(1786)	
34	杨维诰	河北	举人	乾隆五十二年(1787)	
35	王履吉	四川	举人	乾隆五十四年(1789)	署任
36	王鸿运	广东	举人	乾隆五十五年(1790)	署任
37	费秉礼	浙江	举人	乾隆五十五年(1790)	
38	史恒岱	江苏	监生	乾隆五十五年(1790)	署任
39	潘本盛	浙江	举人	乾隆五十六年(1791)	
40	汪光绪	北京	举人	乾隆五十七年(1792)	署任
41	郑师	河北	举人	乾隆五十九年(1794)	署任
42	袁礼诚	江苏	举人	嘉庆四年(1799)	署任
43	丁攀龙	山西	优贡	嘉庆五年(1800)	署任
44	岳廷元	山西	进士	嘉庆五年(1800)	
45	欧阳堃	江西	举人	嘉庆九年(1804)	署任

续表

序号	姓名	籍贯	出身	就职时间	备注
46	谭抡	江西	拔贡	嘉庆十年(1805)	
47	王廷葵	贵州	拔贡	嘉庆十一年(1806)	署任
48	阴雨昕	四川	举人	嘉庆年间	
49	高耀曾	江苏		嘉庆年间	
50	杜衡馨	云南	举人	嘉庆十九年(1814)	
51	李烜	北京	拔贡	嘉庆二十年(1815)	
52	乔元三	河南	举人	嘉庆二十一年(1816)	
53	文中运	云南	举人	嘉庆二十一年(1816)	
54	沈文棫	江苏	举人		
55	陶沣				
56	陈昉	四川	进士	道光三年(1823)	
57	邓贤澍	湖南	举人	道光五年(1825)	
58	姚金				
59	包巽权	浙江	举人	道光八年(1828)	
60	许佶	江苏	副贡	道光十年(1830)	
61	何锦云	湖南	廪贡生	道光年间	
62	李树泽	山东	进士		
63	高鸿飞	江苏	进士	道光二十五年(1845)	
64	高会嘉	江西	进士		
65	杨治生	浙江	监生	道光二十九年(1849)	
66	李瑞生	四川	举人	咸丰七年(1857)	
67	苏觊同	广西	举人		
68	张庆铨	浙江			
69	赵大桢				
70	李心简	江西	举人	咸丰十一年(1861)	
71	方晋德	安徽			
72	赵漱	河南		咸丰年间	
73	吴嘉善				

续表

序号	姓名	籍贯	出身	就职时间	备注
74	雷瑞光	广西	进士		
75	张多弟	江苏	举人	咸丰年间	
76	马廉善				
77	沈 晋				
78	陆昌言	广西	廪贡生		
79	张 坤			同治年间	
80	周懋均	湖南			
81	杨 端				
82	沈兆桂				
83	吴本杰				
84	宋萱谦				
85	丁钧义				
86	陈培桂	广东	举人	同治年间	
87	黄达汉	湖南	监生	同治八年(1869)	
88	陈庆生	云南	举人		
89	黄运昭	福建	举人	光绪元年(1875)	
90	邓嘉绳	江苏	附生	光绪元年(1875)	
91	邵书升	浙江	监生		
92	林凤章				
93	尹翼经				
94	吴葆谆				
95	赵长庚	安徽	举人	光绪十年(1884)	
96	王紫田	湖南	提督	光绪十一年(1885)	
97	沈兴本				
98	方朝桀				
99	康林桂	河北	举人	光绪十三年(1887)	
100	章光国	湖南	拔贡		
101	丁 芳	河南	进士	光绪十七年(1891)	

续表

序号	姓名	籍贯	出身	就职时间	备注
102	吴廷祯				
103	郭师濂				
104	郁钟棠				
105	居镜生				
106	黄鼎翰	湖南	副贡	光绪十九年(1893)	
107	余树千			光绪三十三年(1907)	
108	胡成鼎	广西	举人		
109	周赓慈	湖北		宣统三年(1911)	

注：＊嘉庆《大清一统志》卷四三六，四部丛刊续编景旧抄本，记载为："乾隆二十年知福安县。"而光绪《福安县志》卷一六，清光绪十年(1884)刊本，记载："萧克昌，乾隆二十一年署。"和嘉庆《福鼎县志》记载不一致，有待考证。

说明：一、1995 年编《福鼎县志》第一章"清代历任知县名表"存在比较大的疏漏和错误，2003 年编《福鼎县志》第十九篇第二章"清代福鼎历任知县名表"对其进行了修正，然也存在一些小错误，笔者进行了修正。另《福鼎文史资料》第 8 辑第 154 页"福鼎建县后至民国纪元前历任县令题名录"存在错字、漏人等问题。二、按《福鼎县乡土志》何锦云于道光季年任知县，其后任知县为李树泽、高鸿飞，但无其他材料佐证，姑且这样排序。且在光绪《巴陵县志》中明确记载其于道光三十年(1850 年)卒，所以道光三十年(1850 年)在任也明显不正确。三、即使极力进行修正也难保有错误、疏漏之处，有待日后考证。

资料来源：本表主要依据 2003 年《福鼎县志》第十九篇第二章"清代福鼎历任知县名表"、1995 年《福鼎县志》第一章"清代历任知县名表"和《福鼎文史资料》第 8 辑第 154 页"福鼎建县后至民国纪元前历任县令题名录"制作，又根据嘉庆《福鼎县志》、同治《福建通志》及其他志书，修正了其中的一些错误，补充了一些疏漏之处。

参考文献

[1] 嘉庆《福鼎县志》，嘉庆十一年(1806 年)刻本。

[2] 同治《福建通志》，清同治十年(1871 年)重刊本，台北：华文书局股份有限公司，1968 年。

[3] 光绪《巴陵县志》，清光绪十七年(1891 年)岳州府四县本。

[4] 光绪《湖南通志》，清光绪十一年(1885 年)刻本。

[5] 光绪《屏南县志》，清光绪三十四年(1908 年)抄本。

[6] (清)郑观应：《盛世危言新编》，清光绪二十三年(1897 年)成都刻本。

[7](清)卜宝第:《整饬仕途疏》,《清经世文三编》,清光绪石印本。

[8](清)丁立中撰:《八千卷楼书目》,民国本。

[9](清)昆冈等修,刘启端等纂:《钦定大清会典》,宣统元年(1909年)本。

[10](清)黄六鸿:《福惠全书》,清光绪十九年(1893年)文昌会馆刻本。

[11]赵尔巽等撰:《清史稿》,北京:中华书局,1976年。

[12]瞿同祖:《清代州县政府》,北京:法律出版社,2003年。

[13]周瑞光汇编:《福鼎旧志汇编》,厦门:厦门大学出版社,2012年。

[14]李在全:《制度变革与身份转型——清末新式司法官群体的组合、结构及问题》,《近代史研究》2015年第5期。

[15]中国人民政治协商会议福建省福鼎县委员会文史编纂委员会:《福鼎文史资料》(第8辑、第15辑)。

金钱会、红布会起事的治理
及其反映的清末福鼎地方政治运作

厦门大学历史系 蔡少辉

前 言

咸丰十一年(1861年),太平军入浙,连下多城。八月,温州平阳金钱会起事,浙省军情吃紧。十一月,金钱会攻陷福宁府福鼎县。逾月,官军始克复福鼎。同治三年(1864年),金钱会残余更名红布会,再次窜入福宁,意图不轨。但经金钱会变,官府对地方军事、社会治理有所加强,此次起事旋即被扑灭。本文所要讨论的内容便是福宁府在两次会乱之后的地方治理情况,及其所反映的地方政治运作——即士绅与官府之间的互动关系。

对于金钱会起事的研究可分为两个面向:一是对金钱会性质的探讨,如罗士杰认为金钱会本质上基于温州地方斋教传统形成的大众组织,它与士绅、官府之间的斗争是宗教团体对政治权力诉求的表现。[1] 侯俊丹认为金钱会属游侠义团性质,他们与士绅之间的斗争是伦理道德之争。[2] 另一是对地方政治运作的讨论,如刘铮云、李世众对温州方面的研究指出,会党与

---

[1] 罗士杰:《地方宗教传统与"去中心化"的地方政治:重探温州金钱会事件(1850—1862)》,《近代史研究所集刊》第75期,2012年,第159~202页。
[2] 侯俊丹:《侠气与民情:19世纪中叶地方军事化演变中的社会转型》,《社会》2014年第3期。

士绅之间的矛盾不是绝对的。某些弱势的士绅会联合会党来壮大自身实力,使得会党成为士绅之间斗争的工具。① 从金钱会发展史来看,其早期在温州地方政治生态中确实占据了重要的位置,成为弱势士绅、官府拉拢的对象。然而金钱会及其余波红布会并未在福宁府的政治生态发挥上述作用,它带来的更多是破坏。在处理这两次灾难过程中,福宁地方官府与当地士绅形成了良好的默契,成为社会治理的好伙伴。一方面,官府借助士绅在地方上的影响力将地方重新纳入管辖。另一方面,士绅凭借官府给予的特权进一步发挥其影响力。但同时也要指出,官府对士绅阶层的警惕仍使士绅在地方事务中的发挥受到限制。

二、金钱会、红布会起事始末

(一)金钱会起事始末

以赵起等人为首的金钱会首早在咸丰八年(1858年)便建立其组织。平阳人赵起、朱秀三与金华人周荣私铸金钱,招揽村民入会。后结识缪元、孔广珍、谢公达、刘汝凤、张元及钱仓汛外委朱明邦,诸人于钱仓北山庙五显神前结盟,互称兄弟。后入会者须交制钱五百文,受"金钱义记"一枚作为信物。起初,太平军入浙横扫清军,金钱会便托名捍卫太平军,迷惑百姓。咸丰十年(1860年),翟惟本任平阳知县,吏治松弛。金钱会诡称"为官府仗义",伺机铲除敌对王秀锦,一跃成为翟令座上宾。诸会众以有功于官府,横行乡里,"威胁诸富户,使出钱谷助军资。会中有人犯法者,官不敢问。或议其不道,则劫杀之以徇,寻仇雠贻无虚目。"② 翟无奈,仅得劝其改为义团,并冠于"金钱"之名。此后,赵起等人更加肆无忌惮,出入公署,煽诱绅民,羽翼日繁。金钱会的壮大让当地士绅惶恐不安,双方势力互相争斗,为此后的祸

---

① 刘铮云:《金钱会与白布会——清代地方政治运作的一个剖面》,《新史学》1995年第3期;李世众:《晚清士绅与地方政治——以温州为中心的考察》,上海:上海人民出版社,2006年。

② (清)黄体芳:《钱房爱书》,马允伦编:《太平天国时期温州史料汇编》,上海:上海社会科学院出版社,2002年,第92页。

端埋下了伏笔。

咸丰十一年(1861年)五月初七日至七月下旬,浙省平阳、闽省福鼎等地大旱。① 至六月时,福宁府米价踊贵,有攘窃填衢之态势。② 而平阳县受灾更甚,不少民众直接放弃夏禾收成,铤而走险投至赵起麾下。③ 此时,太平军由江山入浙江,连下龙游、汤溪、金华、遂昌、义乌、处州多城。战事正酣之际,赵起等人于六月廿六日率众数千人起事,将原本岌岌可危的温州局势迫入绝境。六月廿八日,会众攻温州、瑞安。九月初二日,分股两千余人窜入福鼎分水关。

福鼎为闽省门户,福宁锁钥,其地负山襟海,常为盗薮。四至又多与温州接壤。④ 在金钱会起事之初便有乡人里通金钱会⑤,至金钱会壮大后又派会众潜伏福鼎广化、寥山等乡,以谋响应。⑥ 除福鼎外,兴化府莆田县志洋尾、西洪等乡也有入会者。⑦ 会众两千余人于咸丰十一年(1861年)九月初二日潜入福鼎分水关,适逢都司许忠标带兵驰抵福鼎,会众闻风四散。后广东补用知县谢颖苏、护福宁镇总兵陈韶武带兵八百先后抵福鼎。谢颖苏与都司许忠标驻扎分水关外桥墩门、陈韶武督水兵分扎福鼎各险要关隘,福宁知府徐霨则委派霞浦知县张堃带长乐兵勇并募乡勇扼守柘洋。九月二十九日,有会众六七千人自平阳而来,许忠标、谢颖苏分路迎击,先捷后挫。闽浙总督庆端上书,调兴泉永道曾宪德等驰援福鼎。十月十五日,会众攻分水关,官兵严阵以待,不克。未等曾宪德等人援兵至,十月十八日,金钱会兵分

---

① 周梦虞、周梦庄纂:《福鼎县志》卷三,《祥异》,周瑞光汇编:《福鼎旧志汇编》,厦门:厦门大学出版社,2012年,第362页。

② (清)徐霨:《敝帚斋主人年谱》,沈云龙主编:《近代中国史料丛刊》第27辑,台北:文海出版社,1968年,第102页。

③ (清)黄体芳:《钱房爱书》,马允伦编:《太平天国时期温州史料汇编》,上海:上海社会科学院出版社,2002年,第92页。

④ (清)谭抡:《福鼎县志》卷一,《疆域》,《中国方志丛书》第223号,台北:成文出版社,1974年,第93~94页。

⑤ (清)黄体芳:《钱房爱书》,马允伦编:《太平天国时期温州史料汇编》,上海:上海社会科学院出版社,2002年,第92页。

⑥ 周梦虞、周梦庄纂:《福鼎县志》卷二六,《武功传》,周瑞光汇编:《福鼎旧志汇编》,厦门:厦门大学出版社,2012年,第455页。

⑦ 《闽浙总督庆端等报剿办兴化府属各乡金钱会众情形奏折》,咸丰十一年十月初二日,中国第一历史档案馆编:《咸丰十一年浙江平阳金钱会案》,《历史档案》1993年第3期。

三路强攻分水关,趁两军胶着之时,另有小股会众攻破福鼎县城及白琳等地,闽省北路告急。① 福鼎桐山书院山长高南英亲历其事,在《记匪患》一文中他记载了陷落的福鼎县城景象:

> 是日未刻,桐城遂陷。为祸甚烈,焚劫城内外三千余家,街市自北门小坝外起至城内临水宫止,焚毁净尽,抢掠罄空。惟文武衙署、文庙、考棚、书院等及吾族所建关庙、元弼殿、圆觉寺上下祠堂并我西园村屋宇在焉,幸桐人早避,不罹戕夺。彼时文武官俱走,城内一月有余无官守。贼势益张,往来各乡掳掠,索银钱粮米,不遂其欲者,则烧其屋,掠其家资,迫其丁壮以从。②

同治三年(1864年),霞浦县民在回忆往事时,亦心有余悸。

> 缘福宁一郡,为闽省北门锁钥,界连浙省平泰。咸丰十一年(1861年)间,平阳金钱会匪窜陷鼎邑。宁郡离鼎邑尚远,此时人心惊惶,逃者十去其六七。因无所倚恃,至多流离失所。……回思辛酉之役,尚隔数百里,合郡汹汹。妇女啼于庭,儿童号于市。朝不能食,夕不能寝。天地为愁,草木凄其,惨目惊心,有不可言者。③

失去了福鼎的这道屏障,福宁府岌岌可危。在庆端等人十月二十五日的奏疏中还提到,温州水面的船只似有南下之意,更让省城福州人心惶惶。此时,总督闽浙两省的庆端已全然顾不得浙江事务,他将派往处州的总兵秦如虎调回福宁,并将水陆军一千七百名并兴化兵五百名,分驻福安、宁德、寿宁三县。另檄闽安协副将吴鸿源拨水师船舶驻防海口、同知杨垂谦赴松溪驻防。外防布置妥当后,又会同福州将军文清商量省会巡防事宜,并委派官员赴漳泉募集壮勇以备遣用。④ 朝廷对于庆端这一顾此失彼的做法极为愤

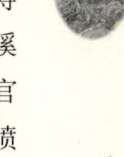

---

① 《闽浙总督庆端等为闽省北路吃紧并委道员曾宪德等统兵驰剿事奏折》,咸丰十一年十月十五日;《闽浙总督庆端等为金钱会攻占福鼎县城已添兵并参失事各员奏折》,咸丰十一年十月二十五日,俱载中国第一历史档案馆编:《咸丰十一年浙江平阳金钱会案》,《历史档案》1993年第3期。

② (清)高南英:《记匪患》,马允伦编:《太平天国时期温州史料汇编》,上海:上海社会科学院出版社,2002年,第259页。

③ (清)程荣春:《附公禀钟镇军详留》,《福宁纪事》卷二,同治五年(1866年)吟雨楼藏刊本。

④ 《闽浙总督庆端等为金钱会攻占福鼎县城已添兵剿防并参失事各员奏折》,咸丰十一年十月二十五日,中国第一历史档案馆编:《咸丰十一年浙江平阳金钱会案》,《历史档案》1993年第3期。

怒，"该督务当内顾省防外援邻省，不得顾此失彼，稍有疏虞"①，但在秦如虎、许忠标等合力会剿下逾月便克复福鼎县城，至十二月初五日已肃清福鼎县城并分水关内。②

退回平阳的会党在闽浙两省官兵的联合行动中节节败退。咸丰十一年（1861年）十二月二十日，官军破金钱会灵溪营盘。同治元年（1862年）正月初三日，秦如虎克复平阳县城。③ 同年二月初六，张启煊率兵破金角山营盘，生擒会首潘帼荥阳等人，平定会乱。④

（二）红布会起事始末

经过闽浙两省联合行动，金钱会大部已基本被扑灭。会首赵起投往太平军，其余会首被抓捕、正法，会众则各作鸟兽散。然而，就在平定金钱会不久后，余烬复燃，前会众林孔葵、赵辛等人于同治三年（1864年）五月再次起事。

林孔葵又名林汝谐，本系金钱会众，"借名由县请办联甲，召集余党，作为联丁，肆行无忌"。同治二年（1863年），林氏将所办团练更名红布会。⑤ 该会仿金钱会，私铸金钱为信物，以红布缠袖为号。⑥ 又有称其更名八卦会者。⑦

---

① （清）王先谦：《东华续录》，《续修四库全书》编纂委员会编：《续修四库全书》第379册，上海：上海古籍出版社，2002年，第98页。

② 《福建巡抚瑞璸为福鼎县城及分水关克复并仍严堵剿事奏折》，咸丰十一年十二月初五日，中国第一历史档案馆编：《咸丰十一年浙江平阳金钱会案》，《历史档案》1993年第3期。

③ 《闽浙总督庆端为官兵克复平阳县城并接仗情形事奏折》，同治元年正月十五日，中国第一历史档案馆编：《咸丰十一年浙江平阳金钱会案》，《历史档案》1993年第3期。

④ 《闽浙总督庆端为报平阳金钱会众已被荡平事奏折》，同治元年二月初八日，中国第一历史档案馆编：《咸丰十一年浙江平阳金钱会案》，《历史档案》1993年第3期。

⑤ （清）程荣春：《拿获奸僧正元供认红布会匪实系平阳麻埠林孔葵为首禀》，《福宁纪事》卷一，同治五年（1866年）吟雨楼藏刊本。

⑥ 徐友梧纂：《霞浦县志》卷三，《大事志》，《中国方志丛书》第102号，台北：成文出版社，1967年，第26页。

⑦ （清）程荣春：《拿办平阳会红布会匪全案始末禀》，《福宁纪事》卷一，同治五年（1866年）吟雨楼藏刊本。

同治三年(1864年)三月,传有金钱残余潜入福宁勾结滋事,但查无实迹。① 五月三日,再传有会首毛行南入宁滋事,亦无实据。② 五月十三日,探得"平阳人陆续到城数倍,率多空手,其侨居者数万户,无不巢谷鬻器,率从贱价"③,坐实传闻。十五日,接获线报,称会首赵辛等分队来袭,约以二更起事。"期于五月十五夜二炮后,东、西、南门放火为号,内外齐发,分围府、县,镇协守备各署,先据府城,进攻属县"。④ 既获线报,官府便有所防备。郡守程荣春密调中营兵丁,并集合三沙、宁德、罗源兵马入援。再饬霞浦、福鼎各县严加防范。是夜拿得会众多人,并获奸细陈得喜,供出城内内应之人范红绸、陈田璧。陈氏已逸去,仅捕得范红绸,并革弁黄高联、黄高标、郭逢章等人。各路援兵陆续赶至,股首先后被捕,会首林孔葵、赵辛等人退回浙省。同年十月,红布会党之乱几定。

但,红布会的覆灭并未带来当地长久的安宁。民国六年(1917年)至八年(1919年),闽东乌钱会频繁举事。⑤ 该会与金钱会同出一辙,皆系红钱会之变流。⑥

三、强化军事

闽浙两省军队对金钱会开展的联合战斗基本上剿灭了后者的有生之力,但太平军、金钱会残余、打着金钱会旗号的零星匪盗仍危害地方。而在同治三年(1864年)的红布会起事中,当地土著及客寓居民参与其中者甚

---

① (清)程荣春:《拿办平阳会红布会匪全案始末禀》,《福宁纪事》卷一,同治五年(1866年)吟雨楼藏刊本。
② 徐友梧纂:《霞浦县志》卷三,《大事志》,《中国方志丛书》第102号,台北:成文出版社,1967年,第26页。
③ 徐友梧纂:《霞浦县志》卷三,《大事志》,《中国方志丛书》第102号,台北:成文出版社,1967年,第26页。
④ 徐友梧纂:《霞浦县志》卷三,《大事志》,《中国方志丛书》第102号,台北:成文出版社,1967年,第26页。
⑤ 徐友梧纂:《霞浦县志》卷三,《大事志》,《中国方志丛书》第102号,台北:成文出版社,1967年,第27页。
⑥ 郑丽生:《闽广记》卷六,《红钱会》,郑丽生著,福建省文史研究馆编:《郑丽生文史丛稿》上册,福州:海风出版社,2009年,第142~143页。

多。稽查此类人等,宁靖地方的任务成了当务之急。

(一)追剿残余

金钱会入闽部队为秦如虎等人会剿后,余部或被擒,或撤回浙省,或流窜各乡。"萧家渡附近各村悉皆从贼,福鼎县城收复后,该匪三五成群沿村勒索。"①十二月初五日,福鼎县城及分水关内已被肃清,但"关外桥墩门,林溪一带仍有贼党麇聚"。② 收复福鼎县城后,流散在福宁各地的残余势力频繁的骚扰对民众日常生活及统治的稳定造成影响,追剿残余的任务在咸丰十一年(1861年)十二月初五克复福鼎县城后被提到了首位。皇帝为此下发谕令"闽省巡防事宜即由瑞璸会同文清派拨旗绿各营官兵,添募壮勇妥为布置,……在乡匪徒即饬迅速剿捕,毋令蔓延。"③在皇帝严厉的责令下,当地对不法之徒进行肃清。

咸丰十一年(1861年)十二月,总兵秦如虎、道员曾宪德查得福鼎白琳地方革生许兆璜假办团练,实通会党,于十二月初七日将其拿获、正法。④在许兆璜被抓捕后,参革摄理福鼎县知县沈晋于十二月二十五日拿获与许兆璜勾结的周阿岳、林志承。⑤ 金钱会众在清军攻势下节节败退,传闻有分党窜入崳山岛,筑寨屯粮。曾宪德急敕烽火营参将蔡登超管带水师前往围剿,"惟匪赵启有分党窜入崳山海岛,筑寨囤粮之事,该处孤悬海外,与福宁之苍屿、三沙等处均属可通,贼情诡谲,难保不航海奔。"⑥后经蔡登超勘验,

---

① 《闽浙总督庆端等为福鼎县城克复并催兵进剿情形事奏折》,咸丰十一年十一月十九日,中国第一历史档案馆编:《咸丰十一年浙江平阳金钱会案》,《历史档案》1993年第3期。

② 《福建巡抚瑞璸为福鼎县城及分水关克复并仍严堵剿事奏折》,咸丰十一年十二月初五日,中国第一历史档案馆编:《咸丰十一年浙江平阳金钱会案》,《历史档案》1993年第3期。

③ (清)王先谦:《东华续录》,《续修四库全书》编纂委员会编:《续修四库全书》第379册,上海:上海古籍出版社,2002年,第104页。

④ 《闽浙总督庆端为报官兵在泰顺瑞安等处与金钱会众接仗情形事奏折》,同治元年正月初五日,中国第一历史档案馆编:《咸丰十一年浙江平阳金钱会案》,《历史档案》1993年第3期。

⑤ 《闽浙总督庆端为官兵克复平阳县城并接仗情形事奏折》,同治元年正月十五日,中国第一历史档案馆编:《咸丰十一年浙江平阳金钱会案》,《历史档案》1993年第3期。

⑥ 《闽浙总督庆端为官兵续获胜仗并会众移师崳山海岛事片》,同治元年正月二十七日,中国第一历史档案馆编:《咸丰十一年浙江平阳金钱会案》,《历史档案》1993年第3期。

并无匪党潜匿崳山岛,海路危机消除。① 同治元年(1862年)七月二十八日,福建巡抚徐宗干上奏折②拟为金钱会项阿右等人分别从重定罪,并奖赏优恤各类人员。同治二年(1863年)后,督抚对于此事的呈报减少了,追剿残余势力、宁靖地方秩序的任务由地方官员具体落实。

福宁一府西北控山,关隘林立,南则滨海,口岸不一,"历稽往迹,倭奴海寇乘船出没,沿海居民多受荼毒。是宁郡海防较之陆防尤为紧要"。③ 清廷对金钱会的战斗中曾多次提到温州、福宁洋面有"匪船"出没,恐危及福州。"近探温州洋面复有匪艇游驶,难保不暗中勾连,为水陆并扰之计。福宁为省垣北路门户,现在贼氛相距福宁府城仅百余里,既可旁窜福安、宁德,并有海道可达福州之南台,不特福宁各属均形危急,即省垣亦岌岌可虞。南台水陆纷歧,五方杂处,加以宁绍迁徙之人纷至沓来,鹤唳风声,民心愈滋疑惧。"④而听闻赵起残余窜入崳山岛后,道员曾宪德急遣烽火营参将蔡登超前往查验亦是明证。⑤ 同治二年(1863年),三沙湾洋面有匪艇出没,曾于覆鼎洋劫掠盐田渡船,又于东冲洋面游曳伺劫。"前经访闻盐田渡船,载运商茶,至覆鼎洋面被劫之事,并据该茶商禀报前情。又据宁德县潘令通禀,探得东冲洋面有匪艇十余只,在彼游弈伺劫"⑥,经闽粤两省水师联合巡弋,于八月十九日击沉匪艇三艘,牵获盗船一艘,解救曾文才等四名被掳难民,生擒盗贩万阿仕等十一人,交霞浦县审理。程荣春上书建议"就地正法,悬首犯事地方,签明罪状示众,使滨海居民环视共晓,互相儆惕。而不法者流亦

---

① 《闽浙总督庆端为报平阳金钱会众已被荡平事奏折》,同治元年二月初八日,中国第一历史档案馆编:《咸丰十一年浙江平阳金钱会案》,《历史档案》1993年第3期。

② 《福建巡抚徐宗干为审明金钱会项阿右等分别从重拟罪事奏折》,同治元年七月二十八日,中国第一历史档案馆编:《咸丰十一年浙江平阳金钱会案》,《历史档案》1993年第3期。

③ (清)程荣春:《福宁全府水陆险要图说》,《福宁从政纪略》,同治五年(1866年)吟雨楼刊本。

④ 《闽浙总督庆端等为金钱会攻占福鼎县城已添兵勒防并参失事各员奏折》,咸丰十一年十月二十五日,中国第一历史档案馆编:《咸丰十一年浙江平阳金钱会案》,《历史档案》1993年第3期。

⑤ 《闽浙总督庆端为官兵续获胜仗并会众移师崳山海岛事片》,同治元年正月二十七日,中国第一历史档案馆编:《咸丰十一年浙江平阳金钱会案》,《历史档案》1993年第3期。

⑥ (清)程荣春:《上两院宪请将现获盗贩万阿仕等就地正法禀》,《福宁从政纪略》,同治五年(1866年)吟雨楼刊本。

知所忌,不敢轻蹈。"①程氏这番话语明面说的是对盗匪的惩治,隐约之中也透露出了当地人从事非法犯罪的事实。

同治三年(1864年)五月十五日红布会滋扰福宁府,未果。经讯问,查得城中有内应股首范红绸、陈田璧二人。抓捕二人过程中,拿获寄居郡城内的五名平阳籍奸细陈厅咔、陈宗汉、陈其益、陈秉高、陈其滔,"当即处斩枭首示,以绝后患。"②后又查得,有黄高联、黄高标、郭逢章参与为乱。"黄高联系罗源营额外,因病请假,久不归营,开革。黄高标系桐山营外委调署中营外委,延不到营。经卑职查其性任妄为,不遵谕饬,亦已详请斥革。郭逢章系已革武生。"先后拿捕黄高联、郭逢章,两人一并就地正法。③再查,亦有福安县黄德福参会充任会首。④考虑到同治三年(1864年)参会起事的乡人众多,强硬的军事措施恐引发事态恶化。经过慎重考虑,稽查内应、首犯,分化会党群体,结合军事防范的做法成为首选。"惟虑各乡地方散漫,难保不无藏匿,必须乘此兵勇齐集,稍示声威。现拟一面出示,安定民心,解散胁从。一面檄饬营县,督带兵勇,按乡巡哨晓谕。如有藏匿,许即捆送免罪,以安反侧而免煽惑。分檄各营县再行认真防范查缉。"⑤另一方面,官府对在逃会首进行高额悬赏,发动地方群众参与其中。⑥

咸丰十一年(1861年)金钱会起事的镇压中,传闻总兵秦如虎号令所部遇到会众格杀勿论,割敌首级者重赏,割敌耳者赏银洋两元。⑦同治三年

---

① (清)程荣春:《上两院宪请将现获盗贩万阿仕等就地正法禀》,《福宁从政纪略》,同治五年(1866年)吟雨楼刊本。

② (清)程荣春:《分拨兵勇续获勾结内应匪首范红绸等并起出军械办理情形禀》,《福宁纪事》卷一,同治五年(1866年)吟雨楼刊本。

③ (清)程荣春:《十九至二十四日办理会匪情形并续获股首黄高联等就地正法禀》,《福宁纪事》卷一,同治五年(1866年)吟雨楼刊本。

④ (清)程荣春:《十九至二十四日办理会匪情形并续获股首黄高联等就地正法禀》,《福宁纪事》卷一,同治五年(1866年)吟雨楼刊本。

⑤ (清)程荣春:《十九至二十四日办理会匪情形并续获股首黄高联等就地正法禀》,《福宁纪事》卷一,同治五年(1866年)吟雨楼刊本。

⑥ (清)程荣春:《二十五至二十八日办理会匪情形并续获股首黄高标正法禀》,《福宁纪事》卷一,同治五年(1866年)吟雨楼刊本。

⑦ 卓亦溪:《闽浙边区金钱会起义(修正稿)》,载中国人民政治协商会议福建省福鼎县委员会文史编纂委员会:《福鼎文史资料》第9辑,1990年,第50~51页。

(1864年)对红布会的战斗中亦传有"但见平阳人即杀"的命令①。这样的风闻势必引起不必要的恐慌以及战局的恶化,福宁府在同治三年(1864年)红布会事发之初便出示告示稳定民心。

> 照得平阳会匪鼓众滋事,业经本府调募兵勇,严密侦挈惩办。第现在挈办者皆入会匪类,并不株累善良。如果平阳客民向在宁郡种山贸易,安分守业者,不准兵勇妄挈。尔等亦无用惊恐。即现在获案至内,如讯有守法良民,并无入会,致被误挈者,皆准邀同本地可靠民人具结保释。惟今日初到至平阳县人如有行踪可疑,毋得狗情窝留,致干查出并究。②

同时,兵勇的胡乱作为也被加以限制,初《禁兵勇毋许妄拿寄居安分平阳人示》谕令兵勇不得任意抓捕在地之守法平阳民众,禁止兵勇借端敲诈勒索,违者重惩。③

(二)兴办团练

清雍正、乾隆年间便有招募乡勇之例,但旋募旋散,非正式部队。至嘉庆朝平定川楚教乱时,团练开始受到重用。道光年间,太平天国运动爆发,各省兴办团练以补充地方兵员不足,或随出战,或守乡邦。曾国藩在湖南团练取得的成功,推动团练这一形式走上历史舞台。④

福宁府办理团练起先是为宁靖地方秩序。在金钱会入闽前两年(咸丰九年,1859年),徐霈授任福宁知府一职。到任伊始,徐氏便以福宁府东南三沙之间多海盗,官吏久未剿灭,贻害地方为由创团练之法。他下令沿海各村造籍,并出壮丁,并筑望楼、修炮台之圮者。同时,倡修战舰。他捐献俸禄为表率,募得广艇三艘、勇船四艘。与水师协力,捕获巨盗李水等六十二人,其后盗始敛迹。⑤ 到了战时,对军队的高度需要与实际拥有数量的矛盾便

---

① 徐友梧纂:《霞浦县志》卷三,《大事志》,《中国方志丛书》第102号,台北:成文出版社,1967年,第26页。
② (清)程荣春:《谕平阳客民毋得惊惶株连示》,《福宁纪事》卷二,同治五年(1866年)吟雨楼刊本。
③ (清)程荣春:《禁兵勇毋许妄拿寄居安分平阳人示》,《福宁纪事》卷二,同治五年(1866年)吟雨楼刊本。
④ 详见赵尔巽等撰:《清史稿》卷一三三,北京:中华书局,1976年,第3949~3950页。
⑤ (清)徐霈:《敝帚斋主人年谱》,沈云龙主编:《近代中国史料丛刊》第27辑,台北:文海出版社,1968年,第100页。

凸显。具体就福宁府守御之势而言,其地海陆兼备,关隘繁多,分兵镇守各地需要庞大的军队。但常备武装并不多,"惟查郡城中营兵丁,除分防各外汛外,存城无多,诚恐不敷防御"①"惟现调左营精兵二百名,连同郡城兵勇,不上数百名,尚恐单薄"②,常须借调使用。咸丰十一年(1861年)福鼎县城陷落的过程都充分说明了,当地军队数量的不足与战斗力的低下。因而在政府支持下,地方士绅各自组建了保卫家园的乡团,涌现了一批组建乡团保卫家园的人物,如郡庠生吴肇然、监生王慕羲、烽火营参将蔡登超、联董朱位载、坊人施延藻等。

吴肇然,字书琴,水郊人。郡庠生。……咸丰时,群匪煽动,曾偕武生吴一骐、周冠鳌办团防御,近乡赖以安。③

王慕羲,字辅仓,秦屿人,监生。……咸丰间岁饥,采籴减价以济民食。金钱会匪之变,县城失守,里中群小不逞乘机窃发。慕羲与烽火营参将蔡登超编立保甲,联合岭外各都协力防御,里间赖以安辑。④

蔡登超,字榕岩,同安人。咸丰间,补烽火营中军,旋署参将。值岁旱,民乏食,捐廉劝赈,全活甚众。金钱会匪之变,县城失守,阖邑震动。登超倡率绅董,编联一十一都保甲;又于山隘要处砌石,建寨门三,曰保宁、定福、固秦,以资堵御,日夕戒严。获匪首朱全,斩之。岭外诸境,赖以保全。⑤

朱位载,字乾峰,金沙溪人。咸丰十一年(1861年),平阳金钱匪乱,其党羽数十人潜伏广化、寥山等乡,欲乘机窃发。时载任联董职,星夜驰赴县辕,请兵带还。复率其子武生德魁、联魁、功超,孙亦濂及乡勇

---

① (清)程荣春:《调募兵勇拏办平阳会匪情形禀》,《福宁纪事》卷一,同治五年(1866年)吟雨楼刊本。
② (清)程荣春:《拿获会匪续调右罗两营精兵禀》,《福宁纪事》卷一,同治五年(1866年)吟雨楼刊本。
③ 周梦虞、周梦庄纂:《福鼎县志》卷二三,《孝友传》,周瑞光汇编:《福鼎旧志汇编》,厦门:厦门大学出版社,2012年,第442页。
④ (清)黄鼎翰纂:《福鼎县乡土志》,周瑞光汇编:《福鼎旧志汇编》,厦门:厦门大学出版社,2012年,第562页。
⑤ (清)黄鼎翰纂:《福鼎县乡土志》,周瑞光汇编:《福鼎旧志汇编》,厦门:厦门大学出版社,2012年,第551页。

前往,捣其巢穴,歼其丑类,地方赖以安谧。①

施如全,字苑川。在坊人,清乾隆甲寅科经魁。……子延藻,亦好义举。捐助宾兴、赈恤水灾,不吝倾囊。同治甲子,地方办团防匪,捐米四十石。②

从相关史料对他们身份的记载,我们可以断定这些人应系当地头面人物,即士绅。这些人员在团练事务中的积极不仅博得民众尊崇,也使得官府侧目。

平定金钱会起事后的第二年,福宁郡守程荣春饬令各署县令认真办理团练,"各属附近城厢尚有绅董经理其事,而偏隅僻壤仍属畏难迁延,推原其故,无非富户吝惜锱铢,贫民不肯努力,相率因循,难期一律振作。"③他告诫辖下各员"团练之设为保固地方良法,实为目前之急务。宁郡所属各县,隘口林立,多与浙江温处接壤。浙省寇氛尚未一律肃清,宁防不容松懈。"④除刊发《抚宪办法团练章程》⑤外,程荣春并用俚言俗语写作《劝谕百姓齐心团练说》⑥,以利害关系劝导里人举办、参与团练事务,还将其在台平乱所著《简练集》作为众人办理乡团之参考。同时,程氏也注意到士绅在金钱会起事中的积极发挥,他召集绅董筹备团练总局,遴选举人黄钟泽、拔贡张国纶、生员卢庆瑜董其事。

除兴办团练,在红布会起事时另委派各社人员值守栅门、城垛,还大力督行保甲之法。福宁府大力推行保甲的做法与平、泰两县轻视保甲的做法形成了鲜明的对比,后者遭到了程荣春的"养痈成患"指责。其联保之法为:

---

① 周梦虞、周梦庄:《福鼎县志》卷二六,《武功》,周瑞光汇编:《福鼎旧志汇编》,厦门:厦门大学出版社,2012年,第455页。
② 周梦虞、周梦庄:《福鼎县志》卷二七,《义行传》,周瑞光汇编:《福鼎旧志汇编》,厦门:厦门大学出版社,2012年,第462页。
③ (清)程荣春:《上列宪呈团练说分饬各属办理禀》,《福宁从政纪略》,同治五年(1866年)吟雨楼刊本。
④ (清)程荣春:《上列宪呈团练说分饬各属办理禀》,《福宁从政纪略》,同治五年(1866年)吟雨楼刊本。
⑤ (清)程荣春:《谕按乡重整团练示》,《福宁纪事》卷二,同治五年(1866年)吟雨楼刊本。
⑥ (清)程荣春:《劝谕百姓齐心团练说》,《福宁从政纪略》,同治五年(1866年)吟雨楼刊本。

委派乡绅稽查各家户人口书于门首,以五家为一保,并造人口清册,送呈。①联甲之法为:

> 以十家为一甲,每甲举甲长一人。以十甲为一联,公举联首一人。每甲各自备器械一件,公置巡更地登二盏、旌帜一张、铜锣一面、竹梆一个。每夜一甲轮流出一人,通晓支更,看守栅门,周而复始。仍将甲内十家户名填写牌内,是日应轮某户,将牌树立某家门首,以杜推诿。零星小户,一体附末。鳏寡孤独,免其轮值。如有怠玩,察出严究。②

保甲之法适用于本乡之人,然而客居福宁之浙省人亦不在少数,查验身份也属难题。于是在同治三年(1864年)之时,福宁方面不仅移文平泰两县要求对入闽之人进行查核,"果系安分良民即给护照付执,以便验放而别奸民"③。另一面,则谕令寄居此地之人与土著共结为保,编入联甲。只不过,在实际操作中将客寓之人编入当地保甲工作的开展似乎不太顺利。④ 但总的来说,保甲之法成效显著,程氏在评价同治三年(1864年)防范会党于未然一事时,认为实行保甲是稽暴安良之善策。⑤

(三)革除积弊

福宁府正式部队数量不足、战斗力低下两问题在金钱会起事中暴露无遗,如何改革军队也成了当政者需要面对的问题。

郡守程荣春在给徐宗干的公文中汇报了他对军务弛废及其陋习的观察:第一,募兵有利可图,入伍有利可图。各营所募兵丁多用钱买充,营中于此中获利甚多。而所募人员入伍后则依身份抗欠钱粮、恃强凌弱。"查各营招募兵丁多用钱买充,取结有资、取保有资、书识注册有资、营弁加结有资,每充一兵或需银十数元至数十元不等,通营弁识,无不藉此为利。而此等谋充之人竟不在乎月米季饷也,缘一经入伍,门首即挂起某营号灯,抗欠钱粮,武

---

① (清)程荣春:《饬霞邑领联董筹办联保册结札并发告示》,《福宁纪事》卷二,同治五年(1866年)吟雨楼刊本。
② (清)程荣春:《联甲牌谕》,《福宁纪事》卷二,同治五年(1866年)吟雨楼刊本。
③ (清)程荣春:《移平泰两县给照以便查验文》,《福宁纪事》卷二,同治五年(1866年)吟雨楼刊本。
④ (清)程荣春:《谕土著并寄居各民人具保归入联甲示》,《福宁纪事》卷二,同治五年(1866年)吟雨楼刊本。
⑤ (清)程荣春:《平泰会匪林正候林汝谐等聚众盘踞阴蓄异图报复禀》,《福宁纪事》卷一,同治五年(1866年)吟雨楼刊本。

断乡曲,无所不至,稍拂其意即集众兵恃强滋事。地保不敢问,县差莫敢撄。即或被控到县,关移到县提讯,而营中弁目皆受其资,可以有恃无恐。"第二,营中之人既受所募兵丁之利,便徇顾私情予以庇护。"营中游守等弁,所以愿招此等棍徒入伍者,利其不以饷米为重也。月米可以随意不给,季饷可以藉词少发。既沾其利,即不能回护其非,是以兵丁滋事之案层见叠出。虽经有司节次提讯,大都极意瞻徇,设法开脱。甚有不明政务之弁,听书识队目等朦禀,以为营兵被文衙门责打,即为营主莫盖之羞,以致始终庇护,不肯移送。"第三,因所募兵丁多非善类,一经犯事,营中则借口以将其革除,而致使犯案之人不能到案,贻害无穷。"现在各营季饷既不能按时给发,月米又每多延欠,安分良民焉肯费资充伍,以致营中所募充者非外来无赖之人,即曾经犯案之徒,藉充伍为逋薮,倚营弁为护符。即使逍遥城市,府县差役何敢拘拏。如果奉宪檄提,或遇要案移提,万难徇护,兵则遁去,营中假称某兵先因误公开革,朦胧移覆,置身事外,竟不知该兵遁往何处。"①程氏建议将同治元年(1862年)都察院代奏疏文中所提出"营中兵缺由地方官择选身家清白之人补充,不得以优人隶役及刑伤过犯人等充数"认真执行。同时,他要求各营将所有兵丁造册送县。如若兵丁遭革也应申报地方官在册登记,并委地方官择选安分守己之人补充。若兵丁与民争讼,则交由地方官府审理,有罪斥革,无罪仍归营。以求"文武各有事权,兵民各相联属,将见吏治、营规蒸蒸日上矣。"②

军务敝坏积弊已久,并非一时可以改善。同治三年(1864年),红布会起事中仍有中营外委黄高标、罗源营额外黄高联二人与股首范红绸勾结。虽将二人抓获,但城中兵民尚有勾连会党者。各员又恐搜捕太严激起反抗,只得委员留心营务,整肃营规。③

(四)修寨筑垒

福宁府本属要地,防务自然备受重视。加之咸丰十一年(1861年)金钱

---

① (清)程荣春:《上各宪议覆兵丁滋事查议章程禀》,《福宁从政纪略》,同治五年(1866年)吟雨楼刊本。

② (清)程荣春:《上各宪议覆兵丁滋事查议章程禀》,《福宁从政纪略》,同治五年(1866年)吟雨楼刊本。

③ (清)程荣春:《请整顿营务禀》,《福宁纪事》卷一,同治五年(1866年)吟雨楼刊本。

会侵扰,让各员清楚地认识到守御方面的不足。在金钱会起事后,修城池、建寨堡、戍重兵成为各县或亡羊补牢,或防患未然的重要方式。

福鼎县城以明代芦门巡检司为基础,后世官员虽有修筑,亦多败坏。因而"官斯土者,率以工程巨而财力艰,因陋就简,垂二百余年"。① 咸丰十一年(1861年),金钱会众占领福鼎县城,"焚掠一空,居民转徙,榛莽荒秽,几成丘墟"。同治二年(1863年),陈培桂就任福鼎知县,"率绅士鸠金重建,顿改旧观,雉堞峨峨,苞桑巩固,有合设险守国之义。"②城厚一丈有奇,高四寻,周围六百余丈,嘱绅耆以分乡计丈之法修筑。有炮楼、炮台各四,城垛三百三十,门四。后世称此举一劳永逸,有功于福鼎。③

在福鼎修造县城的同时,与温州接壤的霞浦四十一都亦有对土堡洪江堡进行修缮。"清同治初有塑匠吴金穆者,号石泉,积百缗为娶妻似绩计嗣,以平阳土匪之警,倡修洪江土堡防御。"④霞浦水门半岭亭处闽浙要道,道光间思金钱会变之害,亦在此地筑堡。⑤

同治三年(1864年)九月,平定红布会起事不久后,程荣春著《福宁全府水路险要图说》。在文中,他不仅对福宁府水路要道的守备进行了规划,更对陆路,尤其是闽省通往浙省各处的要道、关隘、各县要地、县际关防都做了建议和指导。

四、建设地方

经年的天灾引起了金钱会变,而这场人祸加剧了天灾的破坏,使得福宁府创伤不断。在兵革消弭之后,重建社会秩序、改善社会生态也是各员任内

---

① (清)黄鼎翰纂:《福鼎县乡土志》,周瑞光汇编:《福鼎旧志汇编》,厦门:厦门大学出版社,2012年,第551页。

② (清)黄鼎翰纂:《福鼎县乡土志》,周瑞光汇编:《福鼎旧志汇编》,厦门:厦门大学出版社,2012年,第583页。

③ (清)黄鼎翰纂:《福鼎县乡土志》,周瑞光汇编:《福鼎旧志汇编》,厦门:厦门大学出版社,2012年,第583页。

④ 徐友梧纂:《霞浦县志》卷六,《城市》,《中国方志丛书》第102号,台北:成文出版社,1967年,第61页。

⑤ 徐友梧纂:《霞浦县志》卷六,《城市》,《中国方志丛书》第102号,台北:成文出版社,1967年,第67页。

大事。

(一)富民教民

咸丰三年(1853年)至咸丰十一年(1861年),福宁府水旱迭臻。除了恶劣的气候条件,负山枕海的地势也使得山洪暴发、海潮涌入等次生灾害频仍。咸丰三年(1853年)六月"十八、十九两日,大雨如注。二十二日午后,平地水涨,至夜二更稍退,三更后复大涨,高二丈余。县治城圮坝坏,廨宇、仓廒均被浸。民舍漂流,各乡田园淹没。山多崩裂,民居被压,尤死者无数多。"①程荣春上任后发现城中沟渠壅塞,不仅对排洪有碍,更容易淹没街衢,滋生病菌。他下令疏浚城内壕沟,要求城内各铺户出资助办,郊外也分别遵照谕令行事。②粮食收成情况也容易被气候左右,再加之此地米粮常贩运外地以求获利,粮食愈行不足,危机四伏。同治二年(1863年),福宁晚稻收成不佳,势必对来年粮食供应、粮价造成影响。福宁府令各米铺设法收囤粮米,以备来年粜籴。又,严申粮米违禁出洋之令。③同治五年(1866年),郡守张其曜、知县梁景韶亦清楚认识到米粮无多的事实,为求防患于未然,便号召士绅筹备民豫仓以备不虞。"仿社、义两仓遗意,特建一仓于城西隅,建费三千五百缗,捐谷三千八百余担。集款储谷皆殷户、义绅自愿认捐,丝毫不假外力,故名曰'长溪民豫仓'。民捐民办,永绝官吏干涉侵渔,及文武各机关藉词挪借之弊。"④其后之继任者亦从之偿捐米谷,并立管理善后之法,推陈出新。至民国时,仓中粮谷"继长增高,当不易以数计矣。"⑤

制钱的不足和私钱的充斥同样严重影响民众的生计。咸丰四年(1854年),永丰分局经营未得法,又经咸丰十一年(1861年)事变,制钱外流,私钱逐渐充斥民间。又有票条、小票等项,币制极为混乱,物价腾贵。虽然经过

---

① 周梦虞、周梦庄纂:《福鼎县志》卷三,《祥异》,周瑞光汇编:《福鼎旧志汇编》,厦门:厦门大学出版社,2012年,第362页。
② (清)程荣春:《谕郡城各铺户疏通城沟示》,《福宁从政纪略》,同治五年(1866年)吟雨楼刊本。
③ (清)程荣春:《预筹民食示》,《福宁从政纪略》,同治五年(1866年)吟雨楼刊本。
④ 徐友梧纂:《霞浦县志》卷二三,《惠政志》,《中国方志丛书》第102号,台北:成文出版社,1967年,第190页。
⑤ 徐友梧纂:《霞浦县志》卷二三,《惠政志》,《中国方志丛书》第102号,台北:成文出版社,1967年,第190页。

徐𪒟、祝永清①示禁,并联合绅董开总钱铺,设立支取制钱新票,收禁市面上流传的票条、小票等项,收效颇大,但仍未改变制钱不足的局面。程荣春上书巡抚、布政司将永丰分局旧铸、积压于库仓中,且仅流通于霞浦的紫铜重宝大钱以官兵俸饷的形式投入市场,既解决军饷拖欠问题,又可补充市场上制钱的不足。由于此钱仅流通于福宁府霞浦县,一出霞浦境外即不能行用,一举而多得。②从后来宁郡各乡绅耆的公禀文辞中我们可以断定,程氏的这一做法应该取得了不错的成效。③

"先富后教"的执政理念是孔子留给后世门人重要的遗产,功名出身的程荣春深谙此道。同治二年(1863),修葺霞浦县学。④同治三年(1864年),办育婴堂于北门街。"太守程荣春督同绅士置买民房,改创于同治甲子年,规模颇广。晋大门为下廊回照座,过天井,一大厅,一后厅,一雨亭,又一后座,上有楼,为书生房舍,诵读之所,名之曰'道南精舍'。"⑤同治三年(1864年),红布会起事,有报恩寺寺僧志元勾结会党,程荣春将该僧正法,并将寺产提充育婴堂之用。⑥其时,与育婴堂一同建立的还有众母堂。众母堂之设与当时全国盛行的溺女之风关系甚大,然此风不利于社会秩序的稳定。清朝统治者对此习严加抑止,除了颁布严禁溺女之令,还修建育婴堂,购置田产,予以补救。福宁府溺女之风尤甚,设众母堂救助女婴有着深刻的社会意义。"同治三年(1864年),郡守程荣春下车所著政绩,如新学宫,靖邻寇,后对于众母堂之设,尤见精心独运。特定《寄乳章程》二十八则,集巨款,建公局,遴公正绅士黄钟泽、张国纶等为总董。至银钱出入,收育婴孩及一切稽查,又分别遴董以专责成。陆续设法广捐,购置田产、店屋为常年经费。

---

① 程文中只提到"霞浦县祝摄令",查民国《霞浦县志》,清代祝姓知县仅祝永清一人。
② (清)程荣春:《上中丞方伯宁郡制钱不敷流转请将局铸重宝大钱搭放中营兵饷禀》,《福宁从政纪略》,同治五年(1866年)吟雨楼刊本。
③ 《附钟镇军禀》,《福宁纪事》卷二,同治五年(1866年)吟雨楼刊本。
④ 徐友梧纂:《霞浦县志》卷七,《建筑志》;卷二三,《惠政志》,《中国方志丛书》第102号,台北:成文出版社,1967年,第76、190页。
⑤ 徐友梧纂:《霞浦县志》卷一七,《建筑志》,《中国方志丛书》第102号,台北:成文出版社,1967年,第77页。
⑥ 徐友梧纂:《霞浦县志》卷二四,《祠祀志》,《中国方志丛书》第102号,台北:成文出版社,1967年,第200页。

著《众母堂汇编》一册,刊千余本,垂为长久之计。"①

除倡修文庙、众母堂、育婴堂、书舍等建筑以教化民众,府县官员还推广、崇祀城北关帝庙、朝天境七圣庙,彰扬祂们在同治三年(1864年)平定红布会起事中扮演的重要角色,以神道设教。城北关帝庙里人时常奉祀,极为灵显。同治三年(1864年),程荣春曾梦关帝授单刀,后有红布会起事。"同治甲子年五月十二夜,梦帝授予单刀,醒而异之。越三月,忽有平阳会匪图扰郡城,幸即严挐解散,阖城免遭蹂躏。"程氏认为,关帝梦授单刀以为示警,是保宁郡无虞的关键所在,称顺利平定红布会为神明之赐。② 与关帝托梦示警不同,朝天境七圣庙之神则在红布会起事攻城时以阴兵驱退会众。"同治三年(1864年),平阳会匪潜入郡郊,望见城上神旗林立,匪以为有备而遁。"事后,郡守程荣春书额曰"神甚助予",并将事详报大吏。至光绪二十九年,准朝天境七圣庙列入祀典,与省城庙祀同。③ 虽然神灵之事多系妄诞,但在中国传统社会中通过"神道设教"一直以来都是道德教化的重要方式,通过对神灵的崇祀宣扬家国一体、忠孝节义的思想,进而以传统伦理道德维持现行统治。除此之外,在遭受战火的福宁府推崇当地灵迹煊赫的神明,亦是抚平民众心灵创伤的好办法。

(二)整饬吏治

对吏治的整顿在程荣春上任伊始便受到重视。同治二年(1863年)八月初四日,他给府下各县令下发《饬各县正身恤民纠察书役札》。强调地方官员的职责在于"去其为民害者",而民之大害者正是各县衙中舞文弄法的书役们。程氏称书役本为官用,今则用为官矣。不仅欺蒙官吏,横行无忌,还串贿门幕,结党营私,为官府之害,亦为民之害。致使"无告之民含恨吞声、筋消骨尽",实如虎狼。对此等大害,各县应及时进行纠察。如有作奸犯科,立即加等治罪,使同侪有所忌惮,不致贻害闾阎。如有作风清廉、声誉良

---

① 徐友梧纂:《霞浦县志》卷二三,《惠政志》,《中国方志丛书》第102号,台北:成文出版社,1967年,第191页。
② 徐友梧纂:《霞浦县志》卷二四,《祠祀志》,《中国方志丛书》第102号,台北:成文出版社,1967年,第194页。
③ 徐友梧纂:《霞浦县志》卷二四,《祠祀志》,《中国方志丛书》第102号,台北:成文出版社,1967年,第194页。

好者则一体擢升。① 除了书役,他也指出各县之中门丁也有此弊,鱼肉百姓、愚弄官吏之事时有发生,致使惠政难以下达,而官亦受其害。"各县所派门丁往往待以心腹,授以事权,大小案件由其主张。而百姓转若莫不相关,以致民隐壅于上闻,惠政难于下逮,是咽喉之所添一阻隔之物,官民气脉不通。"他对各县所用门丁提出了要求"只令供呼唤之役、效奔走之劳"。对诸县令则要求事无巨细皆亲自过问,权柄不假外人。"事权勿假,政柄自操。一切公牍,件件寓目,事事经心。秉公持正,镜空衡平,不使门丁得干预于旁庶。"这样便可以使得德政惠及百姓,而民间诉求可以上达官府,官民联为一气。② 同时,程氏也规劝各衙县令在处理地方事务时须有耐心、耐力,以杜绝各种蠹政、污吏的产生。③

(三)查禁天主教

天主教于明末传入闽东地区,经过多年发展,已然融入当地乡村社会,成为闽东地区的重要宗教信仰。与天主教在闽东地区逐渐生根发芽相随的是官府对其的限制和禁止,尤其是清雍正以来,全国范围的严格查禁也波及闽东,使得当地天主教生存维艰。④

福安为福宁府天主教之重镇,士子亦虔诚信奉,这让乾隆朝郡守李拔很是惶恐,他曾写道:"习尚鬼巫,复崇奉天主,容留洋人念经从教,男女倾心,子衿不免。乾隆十年(1745年)以来,屡犯大辟,顽顿如故。乾隆二十四年(1759年),拔来守郡,复加惩创,淳切晓谕,自首者数百,缴销经像,稍用廓清,提撕警觉,尚待后之君子。"⑤天主教信仰与传统儒家伦理在某些方面相互龃龉,对社会治理造成了困扰和不便。李拔撰《晓谕福安人民崇奉天主教

---

① (清)程荣春:《饬各县正身恤民纠察书役札》,《福宁从政纪略》,同治五年(1866年)吟雨楼刊本。关于清代书役的群体的败坏和整治,可参见瞿同祖著,范忠信等译:《清代地方政府》,北京:法律出版社,2003年。

② (清)程荣春:《饬各县自操政柄慎用门丁札》,《福宁从政纪略》,同治五年(1866年)吟雨楼刊本。

③ (清)程荣春:《饬五县耐烦治理札》,《福宁从政纪略》,同治五年(1866年)吟雨楼刊本。

④ 参阅张先清:《官府、宗族与天主教》,厦门大学博士学位论文,2003年,第27~96页。

⑤ (清)李拔纂,李怀先、季左明、颜素开点校:《福宁府志》卷一四下,《学校志》,福建省宁德地区地方志编纂委员会,1990年,第399页。

自首免罪教》①一文,规劝教徒脱离教团,但这样的做法成效无多。继任者亦以禁教为己任。同治二年(1863年),程荣春上书抚按两院陈述教会之害。"该教条款种种无君无父,败坏风俗,均在例所不赦之条。若听其邪教横行,实于世道人心大有关系。"并表明禁教是民心向所,势在必行,"若不俯顺舆情,设法禁止,将来邪教流行,并此金呈之人而不可得,岂复成为世界乎?"他请求省中大员将此情形上报总理衙门,并严审禁教之令,以扶名教、正人心。②然而,程氏的疏文也提到中英条约的签订为传教士入华传教提供了更好的机会。再者领事裁判权落入他人手中使得官员无权惩处外国人,攀附教会、传教士之人日益增多,当地不法之徒更趋之若鹜。同治三年(1864年)红布会起事,便有教徒与会党勾结犯事。③事情败露之后经过官府整顿,但闽东天主教问题始终积重难返。

(四)移风易俗

乾隆朝福宁郡守李拔对各属县风俗的观察指出,"福宁僻处闽北,椎鲁少文,尚节务义。秀者攻诗书,朴者勤耕牧。男习劳苦,女少嬉游。盖有蟋蟀山枢之风焉。然水利农桑罕能切究;衣服饮食,渐习骄奢,识者有先民之思矣"。④ 社会风气的变化必然会产生新的社会矛盾,进而引起新的治理难题,这是统治者不愿意看到的。因而,李拔在任期内对各县风行的好赌、停棺等敝俗晓谕严禁。这些做法取得了一定成绩。⑤ 粉碎金钱会起事后,府县各员也加大对社会风气的整顿。

首先,劝止争讼之风。"无讼"的社会理想是统治者所追求的理想境界,因为他们都试图通过思想劝导、榜样示范、社会舆论等多种方式,努力使"无

---

① (清)李拔纂,李怀先、季左明、颜素开点校:《福宁府志》卷四 下,《艺文志》,福建省宁德地区地方志编纂委员会,1990年,第1213~1214页。

② (清)程荣春:《上两院禀》,《福宁从政纪略》,同治五年(1866年)吟雨楼刊本。

③ (清)程荣春:《分拨兵勇续获勾结内应匪首范红绸等并出军械办理情形禀》,《福宁从政纪略》,同治五年(1866年)吟雨楼刊本。

④ (清)李拔纂,李怀先、季左明、颜素开点校:《福宁府志》卷一四下,《学校志》,福建省宁德地区地方志编纂委员会,1990年,第397页。

⑤ (清)李拔纂,李怀先、季左明、颜素开点校:《福宁府志》卷一四下,《学校志》,福建省宁德地区地方志编纂委员会,1990年,第398页。

讼"的社会理想内化为民众的道德规范和行为准则。① 程荣春上任后面对的是福宁府告讦成风的景象,而民间讼棍、衙蠹的存在大大加剧了民众争讼之风的横行。他对这样的情形很不满,他再次以俗言俚语撰写文章,劝告民众以和为贵,忍让息讼以保身家。"自后如有命盗重情,不得不告官伸冤追赃。若遇田土钱债等事,就有十分道理也要忍气,牢牢记住本府的话,投告亲族和息,就吃点亏总比到官便宜。"② 程氏此番话语充斥着陈腐的封建道德观念,但从这些言语之中我们看出了地方官员推广道德教化的努力及其对无讼社会的追求。

其次,禁奢。福宁府地处偏隅,民风本厚朴,但奢华之风渐起,"大户倡之,齐民效之,斗靡夸多,彼此求胜,以为不如是则贻人讪笑。相率效尤,竟成陋习。"加之咸丰三年水灾、咸丰十一年(1861年)金钱会起事等天灾人祸使民众日渐潦倒,"以致富者贫,贫者婆,日趋日下"。程氏有感于此,以"节俭六事"开示民众:第一要省吃;第二要俭用;第三婚嫁要质朴;第四乳妇费用要节省;第五酒赌要禁戒;第六要息讼。③ 此六事皆有害于民风,易引起社会矛盾而酿成事端。以赌博为例。同治二年(1863年)七月,福鼎举州村民有勾结外来棍徒、设造花会者,"赢则乐入奸淫,输则为盗引窝,呼群结党,扰害良民"。并有盗砍竹木、窃挖地瓜、盗剪稻穗、牵牛羊偷猪鸡的现象发生。④ 知县陈培桂立碑晓谕,并督促保甲严加勘察。程荣春撰《劝民节俭示》刊示各属军民,亦以思想劝导各署军民远离赌博祸端,以保身家。

再次,对不合儒家伦理的丧葬习俗进行纠正。佛教在中国的广泛流传带动了火葬的流行,但此俗与儒家伦理相违背,因而在宋之后便多遭批判,明清两朝更大力严禁。福建地区火葬、罐葬之等盛行,但在官府的眼中,此种不合人伦的丧葬方式犹如商纣炮烙之刑、蚩尤五虐之法,用此葬法"既加亲以罪大恶极之刑,复置于罪大恶极之列",其罪上通于天。而因风水之说,停棺择地、拣骨重葬更是不仁、不智之举。⑤ 同治三年(1864年),郡守程荣

---

① 郭星华:《无讼、厌讼与抑讼——对中国传统诉讼文化的法社会学分析》,《学术月刊》2014年第9期。
② (清)程荣春:《劝民息讼示》,《福宁从政纪略》,同治五年(1866年)吟雨楼刊本。
③ (清)程荣春:《劝民节俭示》,《福宁从政纪略》,同治五年(1866年)吟雨楼刊本。
④ 《举州禁赌碑》,张先清、董思思编著:《太姥石刻文书》,厦门:厦门大学出版社,2016年,第93~94页。
⑤ (清)程荣春:《禁罐葬火葬示》,《福宁从政纪略》,同治五年(1866年)吟雨楼刊本。

春撰《禁罐葬火葬》劝诫民众葬之以礼,洗心革面,知王法之严,明天谴之重。同时,对于此地的厚葬之风也明令禁止。又,对盗挖坟墓窃取金银之徒严加惩治。①

前郡守李拔已批评当地富人对社会风气的败坏,现任郡守程荣春虽未直接表露情感,但在其相关条令中,也透露了对富家大族某些方面的不满。

(五)褒奖相关人员

当地士绅及相关人等在平定金钱会、红布会两次起事过程中发挥重要作用,除捐资兴办团练、雇募乡勇、督办联甲、抓捕残余,更捐米谷建仓备荒,还踊跃参与建城筑寨等事务。在一份程荣春写给霞浦县各官的文札表露出他对这些热心团练之绅董极为尊重的态度:

> 照得团练所以保卫地方,助官守御,欲期众志成城,有利无弊,必先选择公正绅士董理为第一要务。惟既为绅董,地方官即应崇其礼貌,以示优异。此本府前呈《团练说》,所以奉左宫保督宪殷殷批示:"诚为卓识。"
>
> 兹查郡城联甲总局董事黄举人,系咸丰十一年(1861年)间奉旨饬办之人,又经本府延请掌教近圣书院,并遴举该举人等董修县学文庙,捐办众母堂,均能实心办理,甚为可敬。乃该县于取夫价谕单后写"右仰郡城联甲总局准此"用一红直,竟视同地保者然,殊属非是!合行申饬!为此仰县官吏即便遵照前奉督宪批指,嗣后团董务须崇其礼貌,俾受实效,毋得玩违。切切。②

霞浦县在公文书写时对当地绅董黄钟泽等人未使用敬语,这样的做法在程荣春眼里被视为是对士绅的极度不敬,他称霞浦县的这一做法是将士绅视同地保。显然,这样的举动似乎过于夸张,但考虑到黄钟泽等士绅在平定两次起事过程中对官府的协助及其在地方上的地位,程氏的这些做法便不足为奇。除了要求各官员礼敬各出力绅董外,程荣春还上书请求省中大员对诸绅董进行嘉奖。

---

① (清)程荣春:《严拏挖棺劝勿厚殓示》,《福宁从政纪略》,同治五年(1866年)吟雨楼刊本。

② (清)程荣春:《饬霞邑崇礼绅董札》,《福宁纪事》卷二,同治五年(1866年)吟雨楼刊本。

同治三年（1864年）七月二十日，挫败了红布会图谋的程荣春向巡抚和宪台呈请，奖赏各出力士绅并各营员弁。"其尤为出力各绅，应请存俟事竣，汇同出力员弁，据实务造册，禀恳从优奏请奖励。至出力稍次各绅联人等可否分别等次，由外先行赏给顶戴、功牌，以昭激励而励人才之处。……如蒙允，即赐缮给六品功牌四十张、八品功牌三十张，檄发下府，以便酌量填给。"①同年十月二十四日，程氏再次上书恳请嘉奖各绅董，以示激励。②

结　论

福宁府对金钱、红布两次起事的治理为我们提供了观察清末政府对地方社会治理及地方政治运作的机会。

首先，地方的治理具有同质性也有特殊性。作为太平天国运动大浪潮中的一朵浪花，金钱会、红布会两次会党起事都被认为与前者相关，这就造成研究范式上的同质性，具体表现为军事管理、社会教化、地方建设、褒奖有功者等相似的治理手段，这无疑忽略了地方独特的社会环境。以福宁府而言，天主教、跨省流民、省际守备、海陆防御等问题都是值得重点探讨的问题。两次鸦片战争后，对天主教的查禁似乎已经难以禁行。但在福宁府的治理中，我们发现天主教教义与传统道德伦理的龃龉、教徒群体的良莠不齐都成为官府及传统士绅抨击、攻讦的对象。他们共同上书要求查禁天主教，虽然此举未必能改变现实局面，却反映了当地在新的社会环境中对传统治理难题的重视。跨省流民、省际守备、海陆防御都与福宁所处闽浙之交的地理位置密切相关。流民是造成两次会乱（尤其是红布会起事）的主要原因，如何将这些人纳入官府的管控之内是重要的治理问题。福宁府下令将寓居此地的平阳人编入土著保甲中，由土著进行监控。这一做法未必可行，却显示了官府的努力。而省际守备、海陆防御问题与流民问题都是地方治理的重点，但由于时局所限，《福宁全府水陆险要图说》规划的军备部署更像是一

---

① （清）程荣春：《拿获奸僧正元供认红布会匪实系平阳麻埠林孔葵为首禀》，《福宁纪事》卷一，同治五年（1866年）吟雨楼刊本。

② （清）程荣春：《防剿平阳会匪出力县委绅董分别开折请奖禀》，《福宁纪事》卷一，同治五年（1866年）吟雨楼刊本。

张难以落实的蓝图。

其次,官府与士绅的互动关系。就官府而言,清中叶后财政窘迫、军队战力下降等情况共同导致了政府对地方掌控能力的下降,与此相对应的社会治理问题不断涌现,亟待解决。在相似的大环境下,这些官员所面对的共同问题是如何将这些处于分崩离析过程中的地方社会重新纳入国家治理体系。瞿同祖指出,士绅通过在民众和官府两个圈子中所扮演的不同角色来发挥其影响力。① 士绅在民间事务中的话语权和个人魅力,使得官员们不得不倚仗他们的力量来弥补官方控制的不足,黄钟泽、张国纶等人的事迹便是最好的证明。以黄钟泽为例,根据县志记载,黄氏年十四便入督学道署学习,后中举。主讲近圣书院,学者仰之如泰斗,"又达于世务,当事知其贤,地方利弊必造访焉",且人品高尚。② 郡守徐燾对黄钟泽的学识人品赞赏有加,谓其子曰"汝辈得师如黄钟泽不可错过"③,由此观之,可见黄氏在地方之影响。同时,这些士绅对地方事务的热心及负责任的态度,使得官府乐意授以他们某些特权。但在上文中,我们也看到程氏所颁布的政令中亦对世家大族的引起社会陋习严厉批评和禁止。

就士绅而言,官府所授予的权力使得他们能进一步发挥影响力。县志对张国纶的记载便写道:"凡地方公事,虽官创于始,皆纶襄其成。"④可以推想,如若没有官府允许张氏参与,未必会有"襄其成"的功绩。除此之外,程荣春对霞浦县官崇礼绅董的命令更提高了士绅的地位。在处置红布会起事后,郡守程荣春对各士绅在处置红布会起事过程中所扮演的重要角色表示赞赏,并向省中大员恳请奖励,这番做法也抬高了士绅的地位。但要注意的是,不断膨胀的地方士绅势力始终是官方防范的对象⑤,在此前提之下,官方所赋予士绅的特权并不会超脱其可控范围。也就是说,即便程荣春对参

---

① 瞿同祖著,范忠信等译:《清代地方政府》,北京:法律出版社,2003年,第288~301页。
② 徐友梧纂:《霞浦县志》卷三一,《文苑志》,《中国方志丛书》第102号,台北:成文出版社,1967年,第280页。
③ 徐友梧纂:《霞浦县志》卷二七,《循吏志》,《中国方志丛书》第102号,台北:成文出版社,1967年,第262页。
④ 徐友梧纂:《霞浦县志》卷三 ,《儒林志》,《中国方志丛书》第102号,台北:成文出版社,1967年,第276页。
⑤ 萧公权著,张皓、张升译:《中国乡村:19世纪的帝国控制》,北京:九州出版社,2017年,第375~380页。

与平定红布会礼遇有加,也只是官府利用士绅进行地方统治的一种手段。

再次,地方军事化的发展。孔飞力①认为太平天国运动后的整体社会环境依然恶劣,高强度的地方军事集团因此继续在地方政治中扮演重要角色。这样的论断也遭受批评,戴维德·巴克等人都对此提出异议,认为团练等军事组织在平定动乱之后都渐次式微。② 结合有限的史料进行分析,笔者认为福宁府地方军事化进程应属后者。以霞浦县为例,同治三年(1864年)处置红布会起事过程中,程荣春召集绅董于众母堂成立团练总局。至宣统三年(1911年),该局似已不再存有。辛亥革命爆发后,当地匪警不断,知县叶湘纠集诸乡绅董于北宫设立团练总局,四社并设分局,以定时局。③ 众所周知,办理团练耗费大量的人力、物力、财力,霞浦县地处偏隅,生计微薄,当地是否负担得起维持团练的长期开销值得商榷。因而,在此地方军事化进程似乎不像孔飞力所说的长期持续,而是因需而设的临时性组织。

最后,两次会党起事也为当地历史书写提供了素材。金钱会、红布会两次起事及其中所关涉的人、物、事都在当地民众脑海中不可磨灭的记忆。闽东畲族广为流传的《雷天禄得金匾》故事,讲述的是畲族族人助力陈培桂修建福鼎县城,并惩治土豪劣绅,获得官府奖励的事迹。④ 刘顺庸对福鼎旧县衙前陈公(陈培桂)去思碑逸闻的收集,透露出的也是民众对陈培桂分乡计丈修筑福鼎县城事迹的记忆。⑤ 而在民国《福鼎县志》《福鼎县乡土志》义举、武功、儒林等篇章中亦可见与此相关记载,成为教化后人的榜样。

参考文献

[1] 嘉庆《福鼎县志》,嘉庆十一年(1806年)刻本。

[2] 中国第一历史档案馆编:《咸丰十一年浙江平阳金钱会案》,《历史档案》1993年第

---

① [美]孔飞力著,谢亮生、杨品泉、谢思炜译:《中华帝国晚期的叛乱及其敌人:1796—1864年的军事化与社会结构》,北京:中国社会科学出版社,2002年。

② [美]爱德华·麦科德著,周秋光译:《民初湖南的团练和地方军事化》,《吉首大学学报(社会科学版)》1989年第2期。

③ 徐友梧纂:《霞浦县志》卷三,《大事志》,《中国方志丛书》第102号,台北:成文出版社,1967年,第27页。

④ 钟雷兴主编:《闽东畲族文化全书·民间故事卷》,北京:民族出版社,2009年,第217~218页。

⑤ 刘顺庸:《三座"去思碑"的轶事》,载中国人民政治协商会议福建省福鼎市委员会文史委员会编:《福鼎文史资料》第15辑,1997年,第121~123页。

3期。

[3](清)王先谦:《东华续录》,《续修四库全书》编纂委员会编:《续修四库全书》第379册,上海:上海古籍出版社,2002年。

[4]民国《霞浦县志》,1929年铅印本。

[5]赵尔巽等撰:《清史稿》,北京:中华书局,1976年。

[6](清)黄体芳:《钱房爱书》,马允伦编:《太平天国时期温州史料汇编》,上海:上海社会科学院出版社,2002年。

[7][美]孔飞力著,谢亮生、杨品泉、谢思炜译:《中华帝国晚期的叛乱及其敌人:1796—1864年的军事化与社会结构》,北京:中国社会科学出版社,2002年。

[8]李世众:《晚清士绅与地方政治——以温州为中心的考察》,上海:上海人民出版社,2006年。

[9]罗士杰:《地方宗教传统与"去中心化"的地方政治:重探温州金钱会事件(1850—1862)》,《近代史研究所集刊》,2012年。

[10]瞿同祖著,范忠信等译:《清代地方政府》,北京:法律出版社,2003年。

[11](清)徐鼒:《敝帚斋主人年谱》,沈云龙主编:《近代中国史料丛刊》第27辑,台北:文海出版社,1968年。

[12]萧公权著,张皓、张升译:《中国乡村:19世纪的帝国控制》,北京:九州出版社,2017年。

[13]张先清、董思思编著:《太姥石刻文书》,厦门:厦门大学出版社,2016年。

[14]周瑞光汇编:《福鼎旧志汇编》,厦门:厦门大学出版社,2012年。

[15]钟雷兴主编:《闽东畲族文化全书·民间故事卷》,北京:民族出版社,2009年。

[16]郑丽生著,福建省文史研究馆编:《郑丽生文史丛稿》,福州:海风出版社,2009年。

[17][美]爱德华·麦科德著,周秋光译:《民初湖南的团练和地方军事化》,《吉首大学学报(社会科学版)》1989年第2期。

[18]郭星华:《无讼、厌讼与抑讼——对中国传统诉讼文化的法社会学分析》,《学术月刊》2014年第9期。

[19]侯俊丹:《侠气与民情:19世纪中叶地方军事化演变中的社会转型》,《社会》2014年第3期。

[20]刘铮云:《金钱会与白布会——清代地方政治运作的一个剖面》,《新史学》1995年第6期。

[21]张先清:《官府、宗族与天主教》,厦门大学博士学位论文,2003年。

[22]中国人民政治协商会议福建省福鼎县委员会文史编纂委员会:《福鼎文史资料》第9辑、第15辑。

近代福鼎的渔村社会：
两份田野报告的重新认识

厦门大学人类学系　张云鹤

前　言

　　福鼎背山面海，海域面积广大，一直以来是东南地区重要的渔业生产地。历史上当地渔业人群在从事海洋生产活动过程，留下了不少相关文献记录，这些都是十分珍贵的近代渔业史料。本文收入两份有关近代福鼎的渔业资料，一份原载《中国建设》第11卷第11期（1935年），名为"福鼎县渔业"，完成者为林泉岐、黄文华。该调查内容涉及近代福鼎渔区概貌、渔场状况、渔业种类等。其中，第一部分为渔区概貌，调查者简要介绍了福鼎县的渔区位置、地势、交通、风俗、教育、物产等。第二部分为渔场状况，调查者针对以沙埕、南镇、台山为代表的渔村及以沙埕港、台山港为代表的渔场，以及渔获物、渔期、渔夫、渔行及渔民经济等均给予详细说明。第三部分调查者列举了福鼎的主要渔业种类：钓带鱼、鲨渔业、钓鳓渔业、冬钓船渔业、网艚网渔业、牡蛎渔业、蛏渔业、蚶渔业、台山渔业等。可见这是一份基于田野工作而取得的较为详细的近代福鼎渔业调查资料。

　　另一份资料载于《集美周刊》第16卷第1期（1934年）的"水产专号"，该调查报告的完成者为林九昌，其所调查的主要内容为福鼎地区重要的渔业生产活动之一，即沙埕的网艚网渔业。调查者对于沙埕当地的上述渔业活动给予了较为详尽的说明，其内容包括渔具、渔具使用法、渔场、渔期、渔获物、经营费、渔夫状况等。

很显然,这两种福鼎渔业文献资料与一般文献不同,是当时专业调查人员运用田野调查方法,在对福鼎渔业进行实地调查基础上形成的田野报告,该资料对于我们今天全面了解近代福鼎渔业生产状况有所帮助,也有助于加深对于太姥文化区海洋社会文化的理解,因此,我们将这两份田野报告加以整理,并结合上述资料就近代福鼎渔村社会文化的相关问题略为展开论述,从而希望推进闽东海洋文化议题的探讨。

二、两份渔业调查报告

在《中国建设》第11卷第11期(1935年)中保存有一篇题为"福鼎县渔业"的调查报告,全文整理如下:①

调查者

林泉岐,黄文华。厦门集美水产学校教员陈维风先生,率该校一组学生前往沙埕调查渔业。余等因人地生疏,言语不通,诸多不便,遂承陈院长之命,乘机随彼等同往。蒙陈维风先生极力帮忙,甚为感激。

调查时间

(民国)二十二年九月九日至十四日,为时五天,寓沙江旅店。

一、渔区概况

(一)位 置

福鼎县位置,东接浙江平阳五十里,西联霞浦柳洋百里,南距霞浦龙亭百余里,北对浙江处州泰顺,东南隔东台屿百七十里,东北离霞浦楼坪七十五里,西南至宁德金涵百五十里,西北达寿宁官田七十六里。

(二)地 势

全县川源缭绕,山海交冲,群峰林立,大姥山在城西,乃该县之主山,登山可望浙省。福鼎山位于城北,高峰重叠,数十里犹在望中,县名

---

① 林泉岐、黄文华:《福鼎县渔业》,《中国建设》第11卷第11期,1935年,第133～149页。

以此山名之。秦屿在县东南,下通海口,即烽火门也。

(三)交 通

本县山水环绕,交通不甚便利,陆路山径崎岖,高低不平,行旅出入,颇感劳苦也。水陆交通则比陆路较便,水道自沙埕港直至福鼎县,沿途水流分支,通达各内地,故货物运载,行人来往,无不惟帆船是赖。沙埕港为内外交通中枢,直往上海之轮船二艘,福州之轮船五艘,每三四日或六七日往返一次,至厦门、汕头之船也有。该地水上交通既称便利,故商务发达,为福鼎县唯一之商镇。

(四)风 俗

民性朴俭,耐劳工作,生活程度低,劳工工资每日只三四角,然货物价廉,故一般工人得足维持生活。女人多缠足,在家助理家务,或编制网线等。昔年烟赌甚炽,间阎街巷,触目皆是,近因县府严厉禁止,现渐绝迹。居民多信佛教,迷信颇深,有天后宫、九使庙、龙王庙等,每至朔望或神诞,男妇致宫庙焚香跪拜者,不乏其人,美会教堂一所,惟听道者甚少。

(五)教 育

本县教育不甚发达,识字者甚少,无中学校,仅小学四十余所,学生三千人左右,教职员二百人之谱,经费全年两万三千余元。在沙埕有公立小学一所,校名沙江小学校,教职员四人,学生八十余人,经费年约千余元,其设备尚称完全。

(六)物 产

本县出产品,以茶、矾、烟草为大宗。茶年产七万件,价值百万元。在清明前半月许,将茶叶采下,后经太阳晒之,用人工选择,分别其粗细,叶形如笔头状者,名曰白毛茶叶,味甚佳,乃为上等的茶叶,运往俄罗斯、南洋,安南等地贩售,亚于白毛茶者尚有二三种。矾,每年出产十八万元,烟草运福州制造,年产八千担,约二十万件,价值十六万余元。输入品为面粉、盐、糖、南货等,面粉每年输入八万包,盐由莆田购来,海产亦出不少。

二、渔场概况

(一)渔 村

1. 沙埕

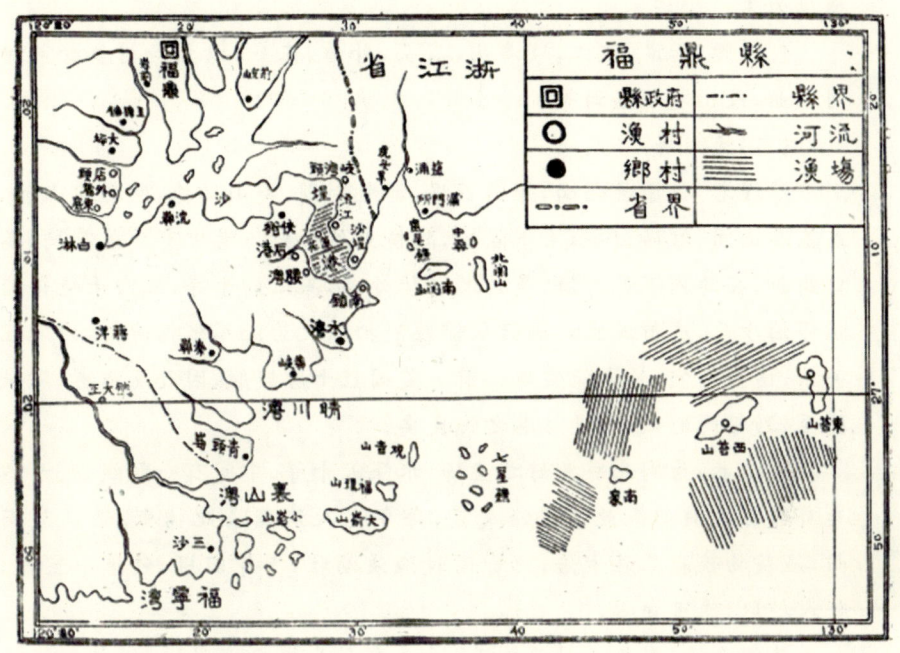

沙埕住户五百家,人口五千余,居民多经商,或营渡船为生,出外谋生者亦有。街路高低不平,且狭隘不甚清洁,屋舍多系旧式者。此处机关甚多,有海关、公安局、茶税局、盐局、海味营业税局、糖类营业税局、洋油税局等。该地市面所用货币以钞票龙角番元为通行,无钱庄之设,银根起落,全视商家货物往来为转移。

2. 南镇

南镇与沙埕对峙,在南镇之东北,距离十里水路,每日有舢板往返,面山背海,风景颇佳,乏田园,无耕种,粮食日用品均采至沙埕。居民因陆产艰难,多捕鱼为生,可称完全渔村。住户三四百家,人口约三千人左右,除捕鱼者外,亦有在本地经商开店铺,或出外谋生者,生活程度低,语言操厦门话,也能说本地福鼎语。此处有小学一所,系私立者,设备尚称完全,学生六十余人,教员三人,惟全镇识字者甚少,渔夫识字者更寥若晨星。

3. 台山

台山与大嵛小嵛对峙,分两岛曰东台山西台山,两岛间之距离十里,两边较浅,中间有一港道,该岛在沙埕东南距离百一十里。岛内居民二十余家,人口百余人,空气新鲜,海风强大,生活简陋,多不识字,皆捕鱼为生。

4.澳腰,后港,流江,岐湾头,店头,外盾,东底,以上渔村多营网艚网渔业,或出牡蛎蛏蚶等。

(二)渔　场

沙埕港:位于县之南,距离百里,港之周围,群山环抱,渔村在山麓,或盖在山间,红砖白垩,上下点缀,颇饶天然景致。港中有一莲花屿,港口曲折,在港内不见外海,是该港之佳处,水深三四十寻,三四千吨轮船常停泊于此,底质泥土。据云从前政府拟以之为海军根据地,后因地理关系,诸多不宜,致未能实现。前有美国数十艘战舰,因天气恶劣,飓风骤至,乃停此避风,可见该港之优良矣。

台山港:为闽北一良好之渔场,水深五十寻,中间有一航线,每至冬季有数百艘渔船来此。据渔夫云,每年日人渔船来此捕鱼,辄满载而归,渔获物较我辈胜十倍,此皆因我渔法幼稚,墨守旧规,致水中宝藏,任人掠取,殊可痛心。

其他渔场,在各渔村门前港,远至东引北极台湾附近,蚶牡蛎渔场在东底外盾点头等村,附近海滨。

(三)渔获物

海产为带鱼,鲨,赤鲟鱼,鳓,及其他小什鱼等。

(四)渔　期

清明至冬节为网艚渔业。九月至十二月台山定置渔业。钓鳓立春至冬初。蚶十一月至四月。牡蛎十二月至三月。

(五)渔　夫

全县渔夫三千一百余人。

(六)其　他

渔行及渔民经济。该地渔行计有永泰,永盛,玉丰利,新协和,丰春,协兴隆,萧顺友,泰昌隆,刘泉隆,协隆,刘美记,新茂和等共五十家。此地渔行,非单独营业性质,乃兼营他种商业。渔行之资本不定,有数千元或万元者,大抵金融周转活动即可。该地成冬钓船者,皆由渔行整置,雇渔夫捞鱼,鱼由渔行运送内地销售。组织渔行者,系本地人,渔夫每月工资自七八元至十余元,除工资外,尚有私海之收入。所谓私海者,即是由白露起至十二月二十六日止,在此时期内,所获之鱼全归渔行,二十七至三十日,此四五日渔夫所获之鱼,为渔夫所专有,渔行不得取其分毫,是曰私海。

三、渔业种类

(一)钓带鱼鲨渔业

1. 渔场:南至东引北至北极,东近台湾,水深四十寻至六十寻。底质,泥沙,潮流,流可分为东北与西南二流。

2. 渔期:立春至夏至,秋至冬。

3. 渔船:渔船俗称一子船,此种渔船旁随一小船,故名。船长四丈五尺,阔一丈一尺,吃水三尺,载重三百余担,新造费以及渔具等,价值四千余元。该一子船计三艘,尚有钓比一子船小者,名七斗钓,共十五艘,渔夫多连江人。

4. 渔具:鱼钩,原料铁制,长二寸半,弯部寸余,径二分,其制法以手工,价值铁线每捆重八斤,值金一元余,出产地温州,该地制造鱼钩者仅三家,共计年产五百余元。制钩及烧法,置木炭于火炉中,将铁线放炉火中烧之,至相当时间取起,放水中浸之。钓绳与鱼钩架,以两支长两尺阔寸余之竹片夹住,将鱼钩排挂竹架上,每船一百八十架,每架鱼钩一百五十门,每架干绳长二十五寻,径三分,二股右撚而成。干绳下有支线一百五十条,长八寸,径二分,二股撚成,每条支线系鱼钩一门,钓绳为苧制。浮子,杉木制,高四寸,径二寸,底六角形,上圆锥式,外涂熟桐油,每枚浮子一两重,结附干绳上,每架百五十个。浮筒,竹制,长四尺,径四寸,每四架鱼钩用一具浮筒,以资识别。浮筒绳,绳之长短视水深浅而定,普通长约三十寻至四十寻,麻制,径四分。标旗竿,竹竿长六尺,径一寸,竿上小旗一面,三角形,用棕制,每十六架鱼钩,使用标旗一枝。二旗标竿,竹竿长度不定,要之比一旗标竿长,竿上小旗二面,三角形,棕制成,每十枝一旗标竿,使用二旗标竿一枝。水锚,硬木制,长三尺五寸,弯部长一尺二寸,口阔八,锚横木交叉处系附一石,石长七寸,厚二寸,重量十二斤,每四架鱼钩放锚一门,以免钓具之飘走。染料,薯莨一担,混水三担,煮成浓液而后贮入木桶中,将网放下浸染之。染料桶,杉木制,高二尺,底直径一尺,口直径一尺五寸,桶之周围,外用篾箍之。竹篮,竹篾制,高四五寸,底径一尺,口径一尺四寸,鱼捕获后,放于竹篮中。

5. 渔法:天气晴朗,渔船驶至渔场,每船渔夫十二人,一人司舵,余

者分工而作，下钓时，母船停泊海中，子船载钓具放钓，不用饵料，将鱼钩放下急流中，鱼钩密密遮鱼通道，使鱼碰钩受痛，同时乱动思逃，讵知潮流急下，俞撞俞缠刺鱼钩，隔二三时收钩，鱼载归母船处理，渔船航海，每三四日或五六日归港。

6. 渔获物：以带鱼，鲨，鲟居多，其次黄花鱼，鳗，什鱼等，每次所获之鱼，多者三十余担，天气晴好渔获物较丰，北风时不适捕鱼，渔船三艘，产量三千二百五十担。

7. 渔获金：鱼价贵者每担二十余元，贱者十余元，平均每百斤二十元，三千二百五十担，年产值金七万五千元。

8. 渔业资本：渔船附属具四千元，鱼钩每架三元，一百五十架约五百余元，资本由渔行备置，雇佣渔夫，工资自七八元至十元左右，但渔夫可自用鱼钩四五架，获得之鱼，归渔夫专有。

9. 鱼之处理：渔夫所获之鱼，处理后放于鱼舱，用盐咸藏，或用冰藏，惟据渔夫云，冰藏较不经济，故目下渔船用盐藏者多，有时在渔场中，由鱼贩即行收去。

10. 鱼之销路：鲜鱼销售内地，盐鱼运往福州。

11. 渔夫：计一百五十六人，渔户百六十家。

（二）钓鳜渔业

1. 渔场：沙埕港，面积长二里，阔一里，水深二十寻至四十寻，底质泥与细沙，潮流，向西流入港，向东南流出。

2. 渔期：立春至冬初。

3. 渔船：渔船俗名后家船，长一丈六尺，阔五尺余，吃水尺余，载重三十担，制造费百余元，每船渔夫住家眷男妇四人至五人，该渔业渔船一百二十搜。

4. 渔具：本钓具构造甚简单，竹片一枝，长九寸，径四五分，竹之两端各结两绳，长各九寸，成三角形。沉子，石，不足形式使用一块，重半斤，系在竹之下一端。鱼钩，亦铁线制，长不到一寸，径半分余，阔七分，弯部六分，用一钓绳，长二尺二寸，系在竹之另一端。钓网，竹两端绳之交叉点，再系接钓网，长短随渔夫使用之。

5. 渔法：钓鳜以小鱼为饵，钓时渔船停泊于海中，钓具备好，钩上附饵，然后鱼钩放下海中，至相当时间，将钓网拔起取鱼，取毕仍装饵投海钓之。饵料，小虾及什鱼等。

6.渔获物:专钓鳓鱼,每日每船多者十斤,少者不定,船百二十艘,年产量三千担。

7.渔获金:鱼价每百斤平均十元,年产金三万元。

8.渔业资本:该渔业每船资本需二百余元,系渔夫自有,渔夫亦系自家人。

9.鱼之处理销路:参考前种渔业。

10.渔夫:一百四十人,妇童百余人。

(三)冬钓船渔业

1.渔场:苔山附近一带海中。位置,台山东北或靠南。水深,三十寻至六十寻。水色,青绿色。面积,纵横十余里。

2.渔期:九月至翌年五月,三四月海鳗居多,冬季带鱼黄花鱼等为多。

3.渔船:船名冬钓船,该渔业为此处重要渔业之一种,船长四丈五尺,阔一丈一尺,高七尺,吃水三尺,载重三百余担,建造费一千八百元,制造地在沙埕,业此渔业者多为本地人,船共计三十一艘,每船渔夫十人至十五人。

4.渔具:鱼钩,原料铁制,产地温州,制法详前种渔业,钩长二寸半,弯部八分,阔八分,每船鱼钩二十篮,每篮八十门,钓绳有干绳支绳两种:干绳,干绳一条苎制,长一百寻,径二分,干绳下有支绳八十条,长四尺,径一分余,每条支绳系鱼钩一门,钓带鱼者,鱼钩上部以铜丝约长八九寸为钓根,与支线结接,俾免支绳被鱼吃断而逃。每篮鱼钩连绳价二元。长钓鱼钩,每隔三门鱼钩,有长钓鱼钩一门,此项支绳长五寻,鱼钩较大。沉石,每隔鱼钩七门,下垂沉石一块,重斤余,绳长三寻。大沉石,每篮钓钩之首末,在干绳两端,垂下大沉石各一块,石重四五斤,绳长三寻。浮子,杉木制,外涂桶油,木长四寸,径一寸半,形长四方,两端削一缺口,以便附结于干绳上,每隔鱼钩七门,置浮子一枚。浮筒,竹,长二尺,径四寸,每篮钓钩之首末,结浮筒一具。标旗,竹竿,长数尺,竿末挂一色小旗,三角形,在每篮首尾浮筒上,使渔夫辨别,易于作业。

5.渔法:天未明,渔船出港,到达渔场,渔夫即开始放钓,一日间收钓放钓计五六次,放钓时需顺风顺水,夏时鱼钩放水底,冬则放水之中层,放钩收钩用舳板。饵料用活鳅鱼,一元可购三斤。

6.渔获物:以带鱼,黄花鱼,鳗,鲳,寻等为多,每日多者达十数担,少者不等,平均每船全渔期渔获物二百余担,共渔船三十一艘,年产量七千五百担。

7. 渔获金:鱼价平均每百斤七十二元,年产值金十五万元。

8. 渔业资本:渔船一艘一千八百元,舢板一只四五十元,鱼钩一篮四元,二十篮八十元,资本由渔行置备,雇用渔夫,工资同前种渔业。

9. 鱼之销路:同上。

10. 渔夫:合计三百八十人,渔户三百五十家,每船渔夫十人至十二人,二人司舵,四人下舢板,三人冲洗渔具等,一人煮饭。

(四)网艚网渔业

1. 渔场:在沙埕港内,水深二十余寻,水色淡绿,潮水涨时向北流,退则向西南流,因四围皆山,无暴风之虞,甚适于定置网渔业。

2. 渔期:清明至冬,业三四月间产鱼最丰。

3. 渔船:沙埕十二艘,湾腰五十五艘,后港十五艘,南镇二十艘,岐湾头十五艘,流江十八艘,共计一百三十五艘。船长三丈半,阔六尺,高二尺半,载重六十余担,建造费一百三十元,制造地沙埕,桅杆一枝,帆系帆布制,有风挂帆,否则用桨划行,渔夫每艘二人至三人。

4. 渔具:本渔业渔具系囊状定置网,为本地最大宗之一种,因渔场近,故渔夫多经营之。兹将网之构造述下:网口呈四方形,网尾圆形,全网长八九丈,用苎编制,苎购自温州,每元二斤半,网由渔夫雇网师编制,兹分网头网口网身网尾四部述之。网头,网目五寸,七百目编起,不增减网目,直编至长五寻半止。网口,形呈四方,苎制,径一分半,自九十二目编起,至一百四十四止,网目二寸半。网身,分为三段,均用苎线手编。第一段,自四百二十目起,每三目增一目,至五百四十目止,网目七分,网线径半分,长一丈五尺。第二段,接第一段五百四十目编起,每三目增一目,至一千二百目至,网线径二分,网目八分,长一丈四尺。第三段,自一千二百目编起,至一千四百目止,网线径二分,网目一寸,长一丈六尺。网尾,四百二十目起,不加减网目,直编至长一丈五尺,径一分,网目四分。口网,棕制,二股右撚而成,长四十尺,径一寸许。引扬网,内篾外包稻草,二股撚成,径四寸,长五寻余,两条使用。系网,材料同上,径四寸,长七八寻。木档,杉木,长十余尺,径六七寸,每网使用二枚,打下海底,每支木档有系网二条,以备系网用。浮筒,竹长二寻,径四寸,底凿一孔,闩一木栓,以便结在网之耳孔,浮筒绳长十余尺,径五分,使用数目视流大小而定。

5.渔法:参考三都澳网艚渔业。

6.渔获物:均系小鱼,夏秋二季,秋刀鱼小虾居多,春冬黄鱼,水鳝,青鳞等。每日一艘,所获者多达十余担,少者不定,船百三十五艘,年产量三万余担。

7.渔获金:鱼价平均每担十元,年产金三十余万元。

8.渔业资本:渔船一艘百四十元,网二张百八十元,附属具十余元,资本多系渔夫自己者。

9.鱼之处理及销售:鲜鱼运销福鼎县内地,小虾多晒干,称青干,运销福州等处。

10.渔户及渔夫:沙埕三十家,三十六人,湾腰百六十家,一百六十五人,后港四十家,四十五人,岐湾头四十家,四十五人,南镇五十家,六十人,流江五十二家,五十四人。

(五)牡蛎渔业

1.蚝田:在外盾东底店头诸村,门前海边。潮流,满潮时,蚝在水中二三寻深,退潮时露出。面积,未详。

2.渔期:九月至翌年四月。

3.渔具:闽北蚝之渔具,与闽南不同,非用蚝石,乃用数千万枝竹竿,插在海滨蚝田。此种竹竿长短不齐,普通长六七尺,径半寸或一寸许,此外亦有蚝凿及剖蚝之器具。

4.渔法:先择适当之蚝田,用小竹竿按行排插土中,约二尺深,越一年,竹竿上能生一种壳类软体动物,亦与牡蛎同类,俗名约蚱。此种蚱,腥臭不可供食用,渔夫乃将竹竿上之蚱,悉数除去,但竹竿上尚存壳无数。然后每隔数尺,插一枝已有寄生蚝卵之老竹竿,以后蚝即在新竹竿上繁殖,再经一年或年余,渔夫即可候潮退前往采取,用蚝刀凿下,挑回家剖出蚝肉。

5.蚝获物及蚝金:外盾年出一千四百担,值金一万四千元,东底一千五百担,值金一万五千元,店头四千担,值金四万元,计产量六千九百担,渔获金六万七千五百元,鱼价平均每担九元七角计。

6.蚝之处理及销路:蚝除鲜卖外,多用沸水冲熟曝干,谓之蚝干,然后装运外地销售,多数销福州温州等处。

7.渔户及渔夫:外盾百六十家,百五十人,东底百四十家,百五十人,店头百七十家,百六十人以上三村助理人共百余人。

(六)蛏渔业

1.渔场:在东底外盾店头门前海边。

2.渔期:五月至九月。

3.渔具:蛏锄,铁制,形似耕田之锄而较小,收蛏时用锄翻土,然后拾之,唯有人不用而以手翻拾之。竹筐为收蛏时盛蛏之具,用篾编制,高二尺,口径尺半,底径一尺许。

4.渔法:正月时,渔夫及从事蛏田,在蛏田内划成若干小段,每段成长方形,横二十步至四十步,纵六丈,在每段内土壤宜治平,至正月尾种下蛏种。种购自宵德,由贩商载船来卖,每百斤十四元。蛏种下一二流水后,被土掩蔽,故无虞受他种动物陷害,五月尾至六月初,渔夫即开始收蛏,是时蛏入土约一尺深,渔夫翻土而拾之,然后用水洗净之,七八月时,蛏肥大出产最多。

5.蛏获物及其产金:店头年产五千担,值金二万五千元,外盾三千担,值金一万五千元,东底三千担,值金一万五千元左右,计年产一万担,值金五万元,蛏每百斤估价五元。

6.渔户及渔夫:外盾田六十家,渔夫百五十人,东底百四十家,渔夫百余人,店头百余家,渔夫百余人。

(七)蚶渔业

1.渔场:在外盾门前海滨。底质,泥土。水深,涨潮时在水中二寻,退潮时露出。潮流,涨潮向东北偏东,退潮向西南流。

2.渔期:十一二月下种,至明年十一二月收成,蚶愈肥大,出产亦愈多。

3.渔具:蚶耙,以木为框,以铁线做齿,齿长八寸,距离八分远钉一枝,收蚶时,用蚶耙在土种耙之,蚶在土中一寸深。

4.渔法:蚶田,蚶田与蛏田制法同,亦划若干小段,惟蚶每段形式不拘,有四方及长方者。十一二月时将蚶种种下,种亦购自宁德,每百斤十六元,蚶种下土中生长,经一年后,即可收成,此种蚶价贵,味美,平时酒席中常用之。至收成时期,渔夫乘潮水退,挑篓前往耙之,每人每日渔获物自十余斤至三四十斤不等。

5.渔获物及其产金:此种蚶出产外盾,年产二千五百担,每担平均价十五元,年产金三万七千五百元。

6.渔户及渔夫：渔户百四十家，渔夫百余人，助理者六十人。

（八）台山渔业

本渔业渔场在东台山西台山附近，故称台山渔业，兹将台山网艚网定置渔业分述如下。

1.渔场：在东台山西台山附近沿海。水深，二十余寻至四十寻，底质泥，靠岸多细沙。潮流，潮流可分东北与西南二流。面积，纵横十余里。

2.渔期：九月至十二月止。

3.渔船：南镇七十艘，台山岛二十四艘，船长三丈五尺，阔六尺，高二尺半，载重六十余担，建造费百余元，使用五六年，每船渔夫七人。

4.渔具：渔具亦属定置囊网，其构造式样材料，与沙埕港网艚网相同，兹不再赘。

5.渔法：唯该渔业渔法特异，投网时网尾固定，网尾向南，网口向北，涨潮与退潮，渔获物无关损害，不若沙埕港网艚定置网，随潮水涨落，而反易其网口方向。本渔业每日投网及收网二次，潮退时解开网尾结绳，倾出渔获物，取毕，网尾结牢仍放原处。每船可投网十二张，因网常固定方向，渔夫工作不忙，此乃与他处不同，亦本渔场特别好处。

6.渔获物：以黄花鱼，带鱼，鳗居多，及其他虾小什鱼等，本渔业南镇年产一万五千担，台山岛五千担，合计二万担。

7.渔获金：鱼价每担自十二元至十五元，计南镇年产金一十六万余元，台山岛五万余元，合计二处二十二万五千元。

8.渔业资本：渔船一艘百三四十元，网十二张九百余元，附属具三四十元，合计一千一百元左右资本为渔行备置，亦有渔夫自有者。

9.鱼之处理及销路：渔夫所获之鱼，用小船运回鱼行，由鱼行运送内地销售，余者用盐腌或晒干之。鱼盐在本地每百斤三元半，鱼销售内地及福州等处。

10.渔户及渔夫：南镇渔户三百余家，台山渔户二十余家，本渔业渔夫共计六百三十八人。

（九）其　他

台山附近，海盗猖獗，为谋渔夫安全计，于是呈请该县政府，设立水警察所于本岛，以资保护，其经费均由渔家供给，每船年供给七十元，所内设巡长一人，巡士十二人，其中福州人居多。

此外，在《集美周刊》第16卷第1期（1934年）中也收录有一篇题为"福鼎渔业调查报告：沙埕的网艚网渔业"的文章，其全文整理如下：①

调查人：林九昌　　　调查地名：沙埕澳腰　　　日期：九月十二日

本渔业为定置渔业之一，使用于内湾及外海。其使用于湾者，每船最多只使用网一张。故少产阶级，亦能从事经营。若使用于外海者，每船所用之网具，多至三四张，故从事外海网艚网渔业者，非有雄厚之资本，则无法经营。兹将此次所调查网艚网各种网形及其使用方法，分述于下：

一、渔　具

本渔具概系方锥形，无袖网，编法简便，系手编。每网所要之资，只需七十元。若连编网工具、染料等，共需九十元，使用方法甚简单。

1. 网地

全网长二十四寻，共分为七段，各段分编，联结而成。第一段谓之网口，第二段曰网头，第三段至第六段谓之网身，第七段即最后之一段，谓之网尾，亦称网鱼部，网尾系开口者。捕鱼时，以网缚于网尾之最后部。由网取出渔获物时，只需将缚网尾之网解开，鱼则可由网尾倒出，无需将全网引出水面而处理也。

网地第一段网口之编法。网口之底部，九十二目，目大二尺半，以网粗三又四分之一寸结缩之，成为十二寻之阔。网口之上部为一百三十二目，以同大小之网二条结缩之。此二条网为接浮子网之用。网口之高，以八寻之网结缩之。各网紧张，成一四方形。网目越下越增，至第一段之尾，周围成为一百四十四目。第二段五寸目，周围共七百目，长五寻半，接于第一段。第三段一又四分一寸目，周围共一千四百四十目，长丈三，接于第二段。第四段一寸目，周围一千二百目，长六尺，接于第三段。第五段四分之三寸目，周围一千二百目，长丈四，至尾部结节为五百目，此段接于第四段。第六段五分之三寸目，周围共五百四十目，长一丈五。第七段半寸目，周围四百目，长五丈，接于第六段。此网所用之材料，概用苎线。结节系皆活结。苎线之出产所，为温州。每斤

---

① 林九昌：《福鼎渔业调查报告：沙埕的网艚网渔业》，《集美周刊》第16卷第1期，1934年，第61~62页。

之价,为四角。

2. 染　料

本网具所用染料,概用薯莨。其与水之混合,为每百斤之薯莨,配水三担。第一次用过之后,第二次尚可复用。每回平均所需染料费,约五六元。染网之时,先以淡水冲网具,去掉尘垢。俟其干后,置于染料桶内染之。染完后挂晒与竹竿上。干后,又取染之,大约染需三次。

3. 网

分为沉子网、浮子网、引网等。沉子网用竹皮及藁草编成,周围大七寸,系二股左撚。每条可用一年之久。网口缩网,大四又四分之一寸,系二股左撚,原料用棕。引网亦以棕撚成,长短视使用所而异。

4. 浮子及沉子

本网具所使用之浮子即浮标,以长六寻之大竹五十枝,分为两组,为缚网网之用,使网下沉。

二、渔具使用法

未使用网具之前,先以船二只,内载二枝木档及藁网前往。既至渔场,即将木档插于海底。木档之上端,以藁绳缚之。网之一端,缚于浮竹。完后,即归港。使用渔具时,以船一艘,船身长六寻,阔六尺,深二尺半,载重六十担,船中分为若干横隔,为装渔获物之用。船型头部稍尖而微仰,后部为阔形。船之新造者,每只值一百二十元。内乘渔夫二三人,一人为柁夫,载网具前往。已至木档系浮标处,即行解去藁绳而接于网口底部之引网,网口上部之网,则缚于浮竹。此时船一方行驶至别一木档缚于浮竹之处,一方将网徐徐放下。又如前法,把网底之网,系于网头,此网一直缚于船上。再以一引网,一端用以缚网尾,使渔获物不得溜出。一端再缚于船上之网较上部。如斯各工作一完,则将网全部放入水中。唯需横断潮流而放。网既在水中,可有十寻之深处,网口即行张开成为四方形。当收取渔获物时,将缚于穿上之网引之,至结节处时,即引此结节之网,盖此网缚于网尾也。如斯将网尾引至船上,解去其缚,倒出渔获物,又将网缚网尾,复行放下。每日一流水起网一次,当欲收网上陆时,将引网收入,先引起网尾至船上,后引缚于网口边缘之网,至网口露出水面时,即解其缚于浮竹及藁绳之网,如斯则全张网在船上矣。其浮竹又缚于木档之藁绳。

三、渔　场

渔场之位置，在内湾及外海，水流颇速，水色淡蓝，水深又二三十寻。潮流为东北流。

四、渔　期

本处渔船，多早出晚归。渔期为三月初起至十一月止，每年共为九个月。

五、渔获物

本渔具专捕浮游于上层之细幼鱼类：如小虾，小秋刀鱼，章鱼，乌贼，水母等之杂鱼类。渔期盛时，每日可捕十五担之多，渔获物直接售于本地之消费者，或自晒干之。

六、经营费

经营本渔业者——系内湾——只需两三百元即可。渔夫柁工一人，月薪十四五元。渔夫一人或二人，月薪十余元。

七、渔　夫

本地所经营之网艚网渔业，概雇佣外地人为渔夫。以年为期，渔夫除应得俸金外，皆不得其他任何利益。渔期以外，别无他业，唯从事船网之修理耳。

三、海洋活动与地方社会

这两份渔业调查报告应该都是出自集美水产航海学校师生，第一份报告中提到的"厦门集美水产学校教员陈维风先生"，是该校的一位传奇人物。陈维风早年毕业于集美水产航海学校，因学习成绩优异，被校主陈嘉庚先生保送到日本留学，并在留学归来后返回集美水产航海学校任教员。1940年，因为日本侵华，当时的集美水产航海学校搬迁到闽中大田继续办学，其时陈维风在广东任职，听说母校迁到内地缺乏师资，毅然辞去原来待遇优渥的工作,步行二十余天赶到大田任教,从而留下一段佳话。

从报告中可知,1933年9月,陈维风率领集美水产航海学校学生前往沙埕调查渔业,本报告完成者林泉岐、黄文华随同前往,针对沙埕、南镇一带的渔业生产状况展开调查。而第二份发表在《集美周刊》上的报告,也是有关沙埕一带的渔业情况,时间、主题都相近,似也是集美水产航海学校师生的同一次调查结果。因此,这两份报告是难得的反映沙埕港及其周边海域渔村及其海洋活动的田野调查一手资料,对于我们认识闽东地方近代以来的海洋社会状况颇有帮助。

从两份报告的内容可知,以沙埕港为中心的海域是近代闽东地区海洋活动十分活跃的地方,沙埕旧称沙关,古时以遍地金黄的沙滩而得名;另一说则源于沙埕被设置为海关的历史。它位于福鼎市东南部闽浙海岸之交,北靠陆地,南临东海,是一个历史悠久的港口集镇。在明代,沙埕港属福宁州劝儒乡育仁里十四都,是福建海防要地。尤其在嘉靖年间,东南沿海一带倭寇肆虐,福宁州设烽火门水寨,以所辖官井、沙埕、罗浮为南、北、中三哨,①其中地处闽浙之交的沙埕港凭借优越的寄泊条件成为重要的海防要口。清初,沙埕属福宁州,福鼎置县后沙埕属福鼎县二十都;当时的沙埕港成为郑氏集团获取军需粮饷、通洋货物往来中转的重要口岸和重要的抗清根据地②。至17世纪中叶,郑成功集团为了摆脱清朝的海禁政策而致力发展对外贸易,沙埕港随之成为国内各省众商(或称散商、轮商)与日本岛国走私贸易的集散地。③ 为遏阻郑成功武装集团的海上贸易活动及抗清复明斗争,顺治十八年(1661年),康熙帝颁布"严禁通海敕谕",并下令迁界,沙埕居民内迁数十里,港口成为无人区域。④ 康熙二十二年(1683年),清政府统一了台湾,东南沿海的海上贸易遂得以解禁。到了清代晚期,沙埕以其独特的区位和地理优势,又成为茶、盐、矾商荟集之地。福鼎的茶、烟、矾等特产,部分由沙埕港装民船运往福州、香港、汕头等地销售。⑤ 清光绪三十二年(1906年),英商义和洋行首先来沙埕开埠,租沙埕刘氏世禄公祠堂及九使

---

① (明)陈子龙:《明经世文编》卷二百六十七,明崇祯平露堂刻本。
② 卢建一:《闽台海防研究》,北京:方志出版社,2003年,第276页。
③ 周瑞光:《沙埕港》,福建省福鼎县委员会文史编纂委员会:《福鼎文史资料》第7辑,1988年,第97页。
④ 卢建一:《闽台海防研究》,北京:方志出版社,2003年,第276页。
⑤ 福建省福鼎县委员会文史工作组:《福鼎文史资料》第4辑,1985年,第142页。

宫为轮栈及仓库，航道东通台澎、南往闽粤、北通江浙等地，后播及亚欧各地。①

这份调查报告中就生动地体现了沙埕发达的水上交通网络，如沙埕港"为内外交通中枢"，航运发达，有轮船定期开往上海、福州、厦门、汕头等城市，由于交通便利，"故商务发达"，成为当时福鼎颇为繁华的商贸中心。当地物产以"茶、矾、烟草为大宗"。尤其是茶，"年产七万件，价值百万元"，销往俄罗斯及东南亚一带，是当地的一个主要产业。烟草则因为有便利的港运条件，运往福州加工制造，"年产八千担，约二十万件，价值十六万余元。"由外地输入的商品主要是面粉，盐，糖等。

这两份报告最详细的内容是关于沙埕港域的渔业生产状况，尤其是当地渔村情况。从报告中可知，福鼎当地从事渔业人口不少，"渔夫"达到三千一百余人。而主要渔区为沙埕、南镇、台山等，按照不同的海洋生计方式可分为三类，沙埕为商港型，南镇则为捕捞型，至于周边的澳腰，后港，流江，岐澳头，店头，外盾，东底等渔村则从事小渔产业，如经营网艚网渔业或种养牡蛎、蛏、蚶等，也发展出具有地方特色的海洋生计方式，典型者如报告中提到的后港村，位于南镇半岛西面，东与澳腰村相邻，因其在围垦前村西南有一处内湾而得名。其实，后港村的名字很早就有了，清嘉庆版《福鼎县志》有载："治东南七十里起为五都，原州育仁里十二都二图。村十三，玉岐、弹江、墺腰、钓墺、南镇、台家洋、后港、涵头、金竹湾、福屿、牛矢墩、东岐、城门囝。"②如今，后港村有陈厝里、外陈、岐澳头、岭头、福山、虎龙口、石壁头、蔡厝里、为墩等自然村。其中福山和为墩是少数民族村，居民大都姓蓝、钟等，20世纪90年代"造福工程"启动，两村村民搬迁至后港福山下居住。

其实，后港村的移民历史更为久远，村民多从莆田一带迁居此处。据《福鼎县乡土志》载："五都分编，治东南七十里起为五都。地势负山面海，冈峦起伏，由北而南蜿蜒如卧弓。纵三十里，横约十里，锯全邑海港之外户。村十有三：南面之锐端为南镇，东南临大海，波涛澎湃，行船可直指台湾。南镇而上，为钓墺、叴腰、后港三村，皆沿海岸，居民颇多，客籍参半，多由兴化（今莆田）侨居。"在乡民记忆中，后港李姓一族最早从莆田一带浮槎而来，随之蔡姓和陈姓分别迁至蔡厝里和陈厝里；约一百年前，莆田石城村林姓兄弟

---

① 福鼎市政协学习和文史资料委员会：《福鼎文史资料》第23辑，2004年，第220页。
② （清）谭抡：嘉庆《福鼎县志》卷一，嘉庆十一年（1806年）刊本。

移至后港,人丁兴旺,族裔繁茂,如今林氏已成为后港村望族,人口最多。

后港村依山傍海,各姓族人既能耕海,又可稼穑。在过去,每年的夏秋之交,是收获弹涂鱼(跳跳鱼)的季节,待到涨水退潮之后,跳跳鱼便会活动于离水有一段距离的滩涂上,这时的后港滩涂上便会随处点缀着讨海人,渔民扛起一个竹匾和一条木凳走到滩涂边准备捉鱼。开始捕捞之前,渔民先在前方挖出一条沟,四周围上竹子,在沟的尽头挖一个洞口,下面放置一个小竹篮;然后将木凳反过来,四面凳脚朝上,上方绑上竹扁。然后渔民双手紧扶竹扁,一只脚蹲在木凳上,另一只脚在滩涂中蹬,推着"踩板"在滩涂上滑行如飞,一直向前。跳跳鱼很敏感,尤其是眼睛,当它们看到后方有"踩板",便会瞬间逃散,而这时在前方的另一侧还需站一人,专门负责"围堵跳跳鱼",跳鱼看到有人晃动,便不敢往那里去,只能跳入事先挖好的洞中。后港村民在滩涂上用"踩板"方法捕鱼,不仅收获了食物,也是地方渔法的适应性过程。

"踩板"这种传统的捕捉跳鱼的技术分布于浙江、福建沿海各地,别名俗称也很多。所谓"陆行乘车,水行乘船,泥行乘橇",在滩涂中行驶的工具自然以"橇"为快,所以又有"泥橇"之称。在浙江温州、杭州地区,多以"泥鳗"名之,据《清稗类钞·泥鳗》载:"泥鳗为海滨泥行之器,以板为之,人坐其中,一脚在外,推之以脚。一推,行可数丈,而不陷于泥。浙江之杭州、温州、定海等处,每用之以捕鱼。"浙江温岭一带俗称"弹胡贴",因多用于在海涂上捕弹涂鱼而得名,据《温岭民间文学·陈氏始太婆祝氏娘娘的传说》载:相传唐朝年间,祝氏太婆才智出众,艰苦创业,夫妻恩爱,乐善好施,关心百姓,创制泥马更是她的振人之举。她的家乡离海岸不远,看到人们下海涂讨小海非常艰辛,并时常出现讨海人深涂"打桩",被涨来的潮水淹没的惨祸,太婆的内心非常痛楚。有一天,她坐在一张板凳上,突然来了灵感,把板凳翻倒,四脚朝天,将自己的一只脚跪在板凳中间,两手扶着凳子的两脚横档,另一脚着地向后蹬,让凳子滑地前行,着实为之可信,于是她找来木板,钉成一只三四尺长,七八寸宽的小船。前面做了个凳脚间那样的横档扶手来把握方向,船上还留有放小木桶和干粮的位置。工具做好后,她邀邻居到海涂上试验,果然灵验,不仅跑得快,像陆地上马跑似的,而且因其受力面积大,下海涂不会被"打桩",安全系数极大提高,于是大家就称祝氏娘娘创制的工具为"泥

马"。此后,周边各村讨海的人,都学会了制作和使用这种滑捺,一直沿用至今。①

在浙江象山、镇海一带此种工具又唤作"海马"、"泥艋船",相传这种船原为在海涂上作为军事战船,为驱赶倭寇而发明。四百多年前,东海海域倭寇横行,烧杀抢掠。明军一来,他们便窜泥涂,乘船而逃;有时潮水退去,倭船搁浅,但是由于海涂泥泞,不能前去追杀。为了征服倭寇,拯救百姓,戚继光及戚家军便在战斗之余,先后在象山和镇海就地取材,召集巧工能匠设计出能够在海涂上滑行的"海马"和轻捷灵便的"泥艋船",并挑选年轻力壮的士兵在泥涂上驾驶操练。当倭寇侵袭时,他们就驾着"海马"和"泥艋船"在泥涂上飞奔追歼。特别是"泥艋船",还可在上边放置刀枪弓箭,在海涂上打仗十分灵活、方便,直杀得倭寇横尸海涂。②另据陈人斋《云浦陈氏文化·滑捺诱敌歼倭寇》载:明嘉靖年间,戚继光率领戚家军追剿倭寇到了温岭高浦一带的海边。倭寇逃到船上,趁着海潮退尽,将船停在海涂江边上,中间隔着大片的海涂,使戚家军难以靠近。戚将军沿着海堤视察海防时,发现当地下海人踏着滑捺,在泥涂上滑行如飞,来去自如。于是计上心来,命人制作了大量的滑捺。同时,招募了当地大批经常下海的健壮青年,组织了一支乡兵,请他们教会了许多士兵驾驭滑捺。嘉靖四十年(1561年)五月十九日,戚将军令军士和乡兵扮成乡民,踏着滑捺,到倭寇船前呐喊叫骂,诱敌涨潮后登陆。戚家军在藤岭、长沙等地设伏,最后大败倭寇,活捉了倭首五郎、如郎等人。③乐清县西人叫"舟飘",《乐清传统民俗》中云:"舟飘,县西土名,用于张篙时则称'篙船',蒲歧、南塘一带叫蓝乌船,比舟飘稍大。古称泥鳗,在唐代就已有之,据说戚继光平倭寇就曾用过这种船。舟飘极小,略似船形,前有木架,可以手提;用时两手把木架,一足跪于其中,一足踹海涂,藉反作用之力推行,其快如飞。"④

这种在海涂上疾行如飞的工具,不仅是渔民与鱼智慧的较量,它还渗入当地的民间传说,被赋予灵性,足见沿海渔民对它的依赖与感情,在涂钓"弹糊"(跳跳鱼)、捉蛏、拾泥螺中扮演重要角色;此外,它还曾在戚家军骑泥马

---

① 罗景荣:《滩涂上的"轻骑"——泥马》,《台州晚报》2010年5月30日第12版。
② 吕洪年:《源于明代抗倭的沿海特异风俗》,《民俗研究》1990年第2期。
③ 罗景荣:《滩涂上的"轻骑"——泥马》,《台州晚报》2010年5月30日第12版。
④ 南伟然、南向北:《乐清传统民俗》,杭州:浙江摄影出版社,2004年。

战倭寇中发挥重要的军事价值。然而随着滩涂的围垦以及渔业资源的减少,这种工具也逐渐减少甚至消失。在后港村,只能在老一辈渔民的回忆中才能想象当初滩涂讨海的热闹与生机。

在后港村,还有一种传统的捕捉跳跳鱼的方法——钩钓法。在竹竿上绑上线,线上系三个鱼钩,呈三对角形状,无需用鱼饵。渔民在岸边看到跳跳鱼,就把竹竿甩出去,有时钩子会直接被甩到跳跳鱼身上;有时则不会,这时渔民可以根据跳跳鱼位置弯下竹竿,调整角度,就可以轻松钓到了。

后港人因海被赋予灵性,依山获得智勇。在后港村,流传着两则关于当地村民智勇献计、为村增荣的传说故事。一个是寨仔顶故事,古官道在后港的后背山,直接通往台家洋(今台峰村)。很久以前,一群山贼据在寨仔顶(今城堡断垣还在),打家劫舍,强征过往来客的买路钱;朝廷派官兵来剿匪,山贼据有利山势,放下礌石,官兵几次攻城堡不陷。当地村民献计,三更时分,在山羊的角上绑着灯笼,擂起战鼓,赶着山羊进行佯攻,山贼以为官兵来攻打城堡,不断地滚下礌石、木头,射出箭镞等武器,待山贼可用的武器全都用光,官兵乘势而攻,一举攻陷城堡。另一个故事就是"后港榜"的故事,"后港榜"真名叫谢成榜,常年习武,武功高强,而且带着不少徒弟,其中以吴涂官和李万两人功夫最好,师徒们以贩运山羊到福州为谋生计。有一次他们赶着山羊到福州城郊,山羊不听话,跑进村民家中,"后港榜"师徒们到村里索要,遭到蛮横拒绝,师徒三人以一抵十,最终打败全村村民的攻击,一举成名。自那以后,他们贩运山羊,无论羊群跑向何处,报上"后港榜"名号,村民便乖乖地交出山羊,贩运羊群一路畅通。

此外,从上述田野报告可知,民国时期当地人主要在沙埕、台山港等地渔场从事近海渔业,尤其是台山一带,渔业资源丰富,每年冬季到此捕鱼的渔船达到数百艘之多,甚至日本渔船也到此渔场捕鱼,并且因为掌握更高技术,渔获要远远超过当地渔民。

这份报告还揭示出了当地渔业生产出现的一种组织形态——渔行。因为渔业生计发达,当地出现了不少渔行组织。从调查中得知,仅沙埕一带就有"永泰,永盛,玉丰利,新协和,丰春,协兴隆,萧顺友,泰昌隆,刘泉隆,协隆,刘美记,新茂和等共五十家"。这些渔行具有几个重要的特征,其一是因为渔行属于操纵渔获交易的机构,因此都由本地人开设,具有显著的地方控制特点。其二,除了从事渔获交易之外,渔行自身也雇佣渔夫捞鱼,从事冬钓船等渔业生产。其三,渔行雇佣从事渔业生产的渔民,不少来自外地。由此也揭示出早在近代时期,闽东当地渔村社会中就出现了比较明显的雇佣经济,而渔行这类商业组织,在推进雇佣经济出现过程中,扮演了至关重要的作用。

总之,这两份有关近代沙埕港域的渔业调查报告,内中包含了许多反映海洋活动与地方社会的信息,对于今人认识东南滨海地带社会海洋生计及社会文化发展状况,是难得的民族志资料。

参考文献

[1](明)陈子龙:《明经世文编》,明崇祯平露堂刻本。

[2]嘉庆《福鼎县志》,嘉庆十一年(1806年)刊本。

[3]卢建一:《闽台海防研究》,北京:方志出版社,2003年。

[4]南伟然、南向北:《乐清传统民俗》,杭州:浙江摄影出版社,2004年。

[5]林泉岐、黄文华:《福鼎县渔业》,《中国建设》第11卷第11期,1935年。

[6]林九昌:《福鼎渔业调查报告:沙埕的网艚网渔业》,《集美周刊》第16卷第1期,1934年。

[7]吕洪年:《源于明代抗倭的沿海特异风俗》,《民俗研究》1990年第2期。

[8]周瑞光:《沙埕港》,福建省福鼎县委员会文史编纂委员会:《福鼎文史资料》第7辑,1988年。

近代福鼎学校教育发展初探

厦门大学人类学系　俞云平

前　言

清乾隆四年(1739年)之前,福鼎属于福宁府(州),是福宁府下设的霞浦县辖地。乾隆四年,由霞浦县划出劝儒乡的望海、育仁、遥香、廉江四里置福鼎县,仍然归属于福宁府。置县以后,福鼎城区成为最基层的城市和周边乡村的有机结合体,福鼎县级机构成为国家行政权力能够直接掌控的最基层组织。在此背景下,福鼎的政治经济、社会文化进入一个新的发展时期。本文初步探讨了福鼎近代学校教育的发展历程,梳理出福鼎近代教育发展的几个基本情况,以求教于方家。

一、书院的兴盛为近代教育奠定基础

宋元时代闽东教育,尤其是书院的兴盛,为福鼎近代教育的发展奠定了良好的基础。北宋时期,北方仍然是政治文化重心。在庆历兴学、熙宁兴学、崇宁兴学等三次大规模的兴学运动的推动下,州县官学得到政府的积极支持,学校教育有了显著的发展。而科举制度的逐步推广完善也进一步促进了官学的兴盛。相比之下,地处东南沿海的福建在教育文化方面显得较为落后。然而，这种情况到南宋发生了很大的变化。

南宋时期，随着经济重心的南移，福建在全国的政治与文化地位迅速上升，教育文化事业得到极大的发展。州县官学主要是继承北宋的制度，并逐步沦为科举的附庸。不过由于南宋福建境内较为安宁，一些偏远小县也设立了官学。至南宋末年，福建1府5州2军58县都设立了学校，而州县百分之百设立学校的另一个地区是江南西路。从全国范围来看，全国各路设州学的比率是72%，全国各路设置县学的平均比率只有44%。可见福建是宋代州县学校设立最为普遍的两个地区之一。《八闽通志》卷四四、四五列出学校56所，闽东地区有长溪县学、宁德县学、福安县学、罗源县学、连江县学等等。①

值得注意的是，南宋时期，地方教育的重心已经转移到书院方面。在朱熹及其门人等理学家的倡导和实践，福建的书院走向繁荣鼎盛。仅《八闽通志》卷四四、四五《学校》所录，宋代福建境内就有书院48所，闽东有福宁的东山书院，宁德的来青书院等。②

福鼎境内最早的书院，要推礼澳后山的草堂书院，林嵩在唐朝咸通年间（860—874年）曾在此读书。有草堂楹联云："士君子不袭唾余，时把海涛清肺腑；大丈夫岂寄篱下，还将台阁占山巅。"③展示出林嵩不居人下的豪迈气概，林嵩后来进士及第，官居金州刺史，福鼎旧地名"劝儒乡"据说也是因他得名。宋代有名的要算潋城杨家办的石湖书院，据福鼎县志记载，南宋庆元年间（1195—1200年）朱熹弟子秦屿人杨楫迎来朱熹到石湖书院讲学，书院有朱熹题词的石刻："溪流石作柱，湖影月为潭"，此处后来改为杨楫祠。④太姥山也曾发现元代摩崖石刻，上面记载朱子在山中讲学逸事，福鼎县文化馆收藏的碑文中也谈到朱熹曾经来到本县境内游历、讲学，"鼎虽小邑……朱文公等皆游历于此"。⑤ 较早的还有南宋宝庆元年（1225年）开始创办的双魁书院，之前磻溪林氏儿孙在大洞庵读书，书院是在林氏状元府建成后拆

---

① 刘海峰、庄明水：《福建教育史》，福州，福建教育出版社，1996年，第38~40页。
② 刘海峰、庄明水：《福建教育史》，福州，福建教育出版社，1996年，第59页。
③ 周瑞光汇编：《福鼎旧志汇编》，厦门：厦门大学出版社，2012年，第391页。
④ 周瑞光汇编：《福鼎旧志汇编》，厦门：厦门大学出版社，2012年，第391页。
⑤ 周瑞光：《摩霄浪语》，福州：海潮摄影艺术出版社，1999年，第163页。

卸大洞庵扩建而成的,书院历经了元明清三代。①

清代初期,闽东教育的发展遭受到巨大的挫折。清初,郑成功占据金门、厦门作为反清复明的基地,之后又攻下澎湖台湾,操练军队,开展海外贸易供应军饷补给,给清朝统治带来巨大的威胁。为了彻底清除东南沿海的抗清力量,清政府在福建等沿海地区实行"片板不许下海"、濒海居民必须内迁三十到五十里的迁界政策,这对东南沿海府县的经济乃至教育造成了浩劫,在相当程度上影响了闽东南地区教育的发展。由于福建是明末清初抗清最坚决最持久的地区,清初统治者对福建的控制较严。而清后期福建又是最早受西方文化渗透和军事侵略的省份,因而半殖民化的进程也比较早,近代教育的诞生也比较早。

清代福建除台湾新增9所府县学之外,在闽东北地区还新建了屏南、霞浦、福鼎3所县学。② 福鼎县学建立于乾隆六年(1741年),知县傅维祖号召人民捐献四亩作学田,建立起县学。之前福鼎属于福宁州(府),每年入州学的人数只有五到七人,建县以后,入学人数增加到三十人。乾隆二十一年(1756年),知县萧克昌分别在桐山、秦屿、点头建立三所社学。③ 桐山和秦屿在清代是本县出人才最多的地方。清代出版家王遐春(1760—1829)王学贞父子,其先祖福清人,康熙年间成为秦屿三槐王氏开山祖。王遐春和同宗一起倡修文昌阁,并移建莲峰书院,改名曰龙门书院,广招生徒,延聘良师,使秦屿成为清代闽东地区教育中心之一。王学贞在父亲五十寿辰时,敬承父命,在诸学友的帮助之下,收集唐代元代明代先贤遗书,加以校刊。王氏父子刻书祝寿、移风易俗之举,一时传为美谈。④

清代福建的书院也有了新的发展。新建书院多在康熙至乾隆之间,有学者根据所有福建地方志统计出清代福建书院总数为351所,其中新建302所,复修前代书院49所,这也还不是完全的统计。⑤ 同治和民国的《福建通志》列出了福鼎桐山书院,建于乾隆十六年(1751年),由知县高琦创

---

① 福建省福鼎县委员会文史编纂委员会编:《福鼎文史资料》第十辑,1992年,第95页。
② 刘海峰、庄明水:《福建教育史》,福州:福建教育出版社,1996年,第176页。
③ 林振秋:《福鼎教育古今谈》,福建省福鼎县委员会文史工作组编:《福鼎文史资料》第六辑,1987年,第1~14页。
④ 周瑞光:《摩霄浪语》,福州:海潮摄影艺术出版社,1999年,第201~211页。
⑤ 刘海峰、庄明水:《福建教育史》,福州:福建教育出版社,1996年,第189页。

办,是本县第一个官办书院,这就是今天实验小学的前身。

二、新式学校教育的迅速发展

　　福鼎教育紧跟时代变迁的步伐,清末以后新式学校教育发展迅速。甲午战争的失败震惊全国,给中华民族带来了前所未有的民族觉醒,资产阶级掀起了维新变法运动和民主革命运动。维新派大声疾呼,必须变法维新,废科举,兴学校,改革政务,以求富国强兵,救亡图存。在维新运动的影响下,福建从上到下都比较积极地推行新学制,建立新式学堂。自省城首创福建高等学堂和师范学堂之后,全省各府州厅分别设立中学堂和师范学堂简易科,接着各县都普遍设立小学堂,有些地区还设立女子学堂和幼稚园。

　　从光绪二十八年(1902年)开始,福建各府州根据政府颁布的《钦定学堂章程》的精神,以及闽浙总督的指令,以积极的态度,分别设立了各自的中学堂。福宁府中学堂创办于1902年,校址在霞浦,光绪三十三年(1907年)在校生27人。截止宣统元年(1909年),福建省九府一厅二州均设有中学堂。全省各地州县也普遍设立小学堂。据统计,至光绪三十三年(1907年),福建已有各级各类学堂385所,在学生21085人,初步形成了覆盖全省各地的学校教育网,为发展近代教育事业、培养适应时代需求的人才,为社会变革、实现救亡图存发挥了巨大的作用。① 福鼎在这方面紧跟时代变迁的步伐,1905年4月,本县黄鼎翰知县迅速将桐山书院改为官立高等小学堂,并在秦屿和桐山创办官立初等小学堂二所,此后陆续创办县治北社蒙学堂、县治南社蒙学堂、前岐初等小学堂、磻溪初等小学堂、点头初等小学堂、玉琳两所小学堂等十二所公立小学堂,资金大多由民间捐资的方式解决。② 在教育管理机构的设立上,1906年,本县成立专门的教育管理机构——劝学所,设视学一人,后增为三人。1910年,县成立教育会。民国时期的教育局就是由劝学所改成,总管本县的教育相关事宜。

　　表1是1907年福建省福宁府县小学堂情况表,从表中可知福宁府的5

---

①. 刘海峰、庄明水:《福建教育史》,福州:福建教育出版社,1996年,第271、251页。
② 福建省福鼎县委员会文史委员会编:《福鼎文史资料》第11辑,1993年,第70~71页。

县之中,虽然高等小学福鼎仅有1所,但从总数来看,福鼎的小学堂数量最多,学生数最多,甚至超过了霞浦县。可以从一个侧面反映出福鼎新式小学堂的发展速度位居福宁府的前列。

表1 光绪三十三年(1907年)福建省福宁府县小学堂情况表*

府县		学校							
		高等小学		两等小学		初等小学		半日学堂	
		学堂(所)	学生(人)	学堂(所)	学生(人)	学堂(所)	学生(人)	学堂(所)	学生(人)
福宁府	霞浦县	3	79	2	88	2	42		
	福鼎县	1	50	1	37	8	282	2	55
	福安县	1	52			5	105		
	宁德县	1	34			3	53		
	寿宁县	1	25						

资料来源:刘海峰、庄明水:《福建教育史》,福州:福建教育出版社,1996年,第278页。

1920年,由硖门乡东稼洋村人周忠魁倡议,得到时任县教育局长李锡庚的推动,并取得公众的大力支持,本县甚至创办了福鼎第一所女子学校——莲池女子小学,校址在桐山的文昌阁,每年领取二百元补助款。1925年又增设了私立贞光初级女子小学。① 可见本县在改变传统社会风气、为妇女提供受教育机会方面也有一定的作为。

表2 1937年福鼎初级学校情况

学校类别	完全小学	初级小学	简易小学	短期小学	私立学校	中山民校
学校数	4	20	36	10	3	5
班级数	19	38	62	14	3	16
学生数	1067	1561	3033	737	118	828

资料来源:福建省福鼎县委员会文史委员会编:《福鼎文史资料》第11辑,1993年,第80页。

---

① 福建省福鼎县委员会文史委员会编:《福鼎文史资料》第十一辑,1993年,第72页。

表3 1947年福鼎初级学校情况

学校类别	中心国民学校	国民学校	私立小学	合计
学校数	18	45	7	70
学生数	3739	2264	201	6204

资料来源:福建省福鼎县委员会文史委员会编:《福鼎文史资料》第11辑,1993年,第83页。

表2、表3是民国时期福鼎初级学校的学校数和学生数,显示出这一时期初等教育走向整合化、规范化发展的趋势,虽然学校总数和学生总数下降了,但学校的总体规模有所扩大,中心国民学校的示范作用得到重视。

三、近代学校的规模和办学水平

受到本地经济发展的制约,近代福鼎办学条件比较简陋,经费缺乏,整体办学水平不高。福鼎位处福建东北部,依山傍海,海域辽阔,港湾众多,虽然有条件成为闽东商港,但民国时期商业并不发达,进口货物多,出口货物少,主要的物产是白茶。而从农业生产来看,本县大多是丘陵地,可耕地少,土地贫瘠产米少,平均亩产仅120公斤,向来就是缺粮的地方。几乎没有工业,县城仅有几家手工作坊。限于较低经济收入的制约,近代福鼎办学经费十分缺乏,设备条件简陋,使得整体办学水平难以提高。

例如1905年创办的县立桐山小学校,就是由桐山书院改建而来,此后一直只能使用书院的旧场所,初期只有高级班,后来增加初级班后,把书院内节义、忠孝两祠改为教室,直到1931年、1940年才陆续扩建了新校舍。又如区立前岐小学,1916年初创时借用临水宫作为校舍,陈祝三校长率领学生们清理佛像,才把神庙改成了教室。沙埕中心学校(原名沙江小学校)的发展也是充满艰辛。清宣统元年(1909年)开办时,校址设在沙埕中街天后宫,后来因为市井吵闹迁校到外澳九使宫。1919年成为沙埕公立第一国民学校,此后由于学生数量的增加,只能租借民宅来解决校舍不足的困难,其中的高级班因为经费缺乏不得不在1925年停办,三年后筹到款项才复办。表4是1944年福鼎各乡镇学校数量及办学地点统计表,有35%的学校校址是在宫庙,比如各地的临水宫、天后宫、大帝宫、杨府宫、文昌宫、地主宫、马仙宫、齐天大圣宫、九使宫、三官宫、见龙宫、马仙宫、西峰庵等，还有各地的孔庙、武庙；有24%的校址在各姓宗祠，比如林氏家庙、陈氏宗祠、朱氏总厅、梁氏宗祠、邓氏宗祠、萧氏宗祠、黄氏宗祠、王氏宗祠、潘氏宗祠、李氏宗祠、夏氏宗祠、高氏宗祠、施氏宗祠等等；其余的41%有的借用民宅或借用教堂，有的未标明具体校址，估计办学条件也不尽如人意。

表4　1944年福鼎各乡镇学校数量及办学地点情况表

乡镇名称	不同办学地点的学校数量			学校总数
	在宫庙	在宗祠	其他地点（或地点不明确）	
桐山镇	4	5	3	12
前岐镇	3	1	2	6
秦屿镇	2	1	3	6
玉溪镇	2	/	3	5
点头镇	1	1	5	7
秀岭乡	4	/	2	6
南溪乡	2	/	3	5
桥亭乡	3	2	/	5
沙阳乡	2	/	1	3
硖门乡	1	1	1	3
巽城乡	2	1	/	3
琳阳乡	1	/	2	3
磻溪乡	/	2	1	3
金阳乡	1	2	1	4
安阳乡	/	3	6	9
5镇10乡合计	28	19	33	80

资料来源：福建省福鼎县委员会文史编纂委员会编：《福鼎文史资料》第9辑，1990年，第91～95页。

1929年，福建省教育厅印发的《民国十八年（1929年）督学视察报告》也可以在一定程度上反映出福鼎教育存在的问题。报告肯定了桐山小学校舍宽敞整洁,校长周梦虞认真负责、教学管理经验丰富,应该有条件办成完全小学;特别指出莲池小学校、桐北小学校在人才、经费、校舍方面都不足以举办完全小学,校舍狭窄,设备简陋,有的教室光线不好,有的没有体育活动场地。报告还提到,之前商议设立初级中学的经费仅筹得三千多元,教职员工等人才也较为缺乏,所以应当加快办学进度。① 及至 1947 年,从福建省普通中学情况来看,福鼎县立初级中学共有初中 8 个班级,没有高中。

抗日战争时期的办学条件更为艰苦。比如桐北小学,1938 年秋,由桐北街大帝宫迁出改办成完全小学,1939 年学生骤增至 800 多名,按当时教育部规定每班 40 名,需要编列 20 个班级,但县教育科只准开 6 个班,教职员限 10 人之内,经费按照县定 6 个班发放,所以师生们自己动手自制收音机、自制课桌椅及教学用具,还编印抗日战讯,开展社会宣传活动,进行野外疏散教学等等。② 1941 年,因县政府财政困难,澳腰、松阳、透埕、岩泉、茶阳、丁家埕、周家山等十几所国民学校暂时停办,1944 年,又有华东、跃鲤、瓜园、晏溪等十几所国民学校停办。

本县的教育水平总体不高,地方热心人士向县政府建议开办简师班,以培养合格的师资。1942 年春,肖宗潜为校长的第一期简师班开办,招收初中毕业生 50 名,学制一年,毕业后分配到全县各小学任教。秋季以后,正式成立福鼎本科师校,才算是有了本地第一所师范院校,称县立简师,校址在明伦堂,后迁到孔子庙,学制四年,学生公费入学。③ 至 1949 年秋,全县小学教员 196 人,其中师范、高中毕业 42 人,简师毕业 55 人,其余为初中以下文化水平。④

四、尊师重教,促进教育发展

本地民众有尊师重教的传统,涌现出许多热心教育的人士。虽然由于

---

① 福建省福鼎县委员会文史编纂委员会编:《福鼎文史资料》第 9 辑,1990 年,第 87~89 页。
② 福建省福鼎县委员会文史委员会编:《福鼎文史资料》第 11 辑,1993 年,第 87 页。
③ 李海:《解放前福鼎县立师范学校情况》,《福鼎文史资料》第 15 辑,1996 年。
④ 福鼎县地方志编纂委员会编:《福鼎县志》,福州:海风出版社,2003 年,第 777 页。

各方面条件的限制,本地总体办学水平不高,但是一直都有尊师重教的传统,嘉庆《福鼎县志》即称本地"为朱子过化之地,海滨邹鲁,流风未替……"一直以来都有促进教育发展、推动文化传播的杰出人士。

早在清代,桐山镇流美村的林纫秋(1778—1833)就是位杰出的文学家、教育家暨闽浙边界文化的传播者。他一生只当教书先生,在四十多年的教书生涯中,安贫乐道,诲人不倦。他先是在前岐贡生李鸣三家教私塾,后设馆平阳,嘉庆年间应福鼎知县谭抡之聘,主讲桐山书院五年,此后短期赴浙江主讲泰顺罗阳书院,返回后继续主讲桐山书院十二年,蛰居石湖书屋,他还是乾嘉时代闽浙边界文学团体——"兰社"的创始人,是边界文化的有力传播者。①

比如,福鼎县硖门东稼洋村人周忠魁(1865—1966),就读过福建讲武堂,参加过同盟会秘密组织,参加过辛亥年福州的武装起义,退役后在当时福宁府治所在地霞浦执教多年,关心国家大事,主张男女平等,认为女子也应该读书。1920年他与福鼎教育局长李锡庚共商创办莲池女子小学,由长女周荫莲任校长,培养女子识字,而且文体并重,亦工亦读,学以致用,关心时事,设有唱歌、体育、刺绣、编织、绘画、游戏等各种课程。他还极力反对陈风旧俗,反对女子缠足、贯耳、溺杀女婴,资助育婴堂养儿救婴,得到大家的称赞,被誉为福鼎女权之首倡者,新中国成立后被选为省文史馆馆员,福鼎县政协委员。白琳翁江人萧宗潜(1909—1958)在教育方面也有很大的贡献。萧宗潜,1934年毕业于北平华北大学教育系,回乡创办翁江小学,历任县教育局督学、育仁小学及北岭初级中学教员、教导主任、校长等职。1942年首任福鼎县立简易师范校长,时值抗战时期,教育经费奇缺,他多方奔走筹款,争取社会各界人士的支持,聘请社会名流兼课、油印讲义充作教材,并带领学生自己动手修建校舍、整顿校园等等,使当时的福鼎简师名扬闽东。②

民国时期的点头小学,最早是1925年由地方人士倡议组织校董会筹建的私立庪山小学,借用临水宫为校舍,经费以自筹为主,由首任校长林际春与诸校董四处募捐,也得到各行各业社会人士的大力支持。1938年,县教育局派人来点头筹设本县第三中心小学,当时庪山小学名为点头桥头小学,

---

① 周瑞光:《摩霄浪语》,福州:海潮摄影艺术出版社,1999年,第191～200页。
② 福鼎县地方志编纂委员会编:《福鼎县志》,福州:海风出版社,2003年,第938页。

因为临水宫神像多,采光通风都不好,需要一定的修缮改造,才能符合中心小学的要求。除了募集改建经费,李得光等当地人士还耐心说服群众,搬走神像。当地民众也非常通情达理,支持学校的建设。学校建成了教室、阅报室、询问处、传达室等,此后学生数量增加到180多人。1940年全县小学运动会时,点头小学组织了五六十位运动员组成的浩荡队伍,前往县城参加比赛,连旧礼教束缚下的女运动员都有出色的表现,得到群众的称赞。①

比较突出的人士还有,秦屿屯头人黄丹岩(1807—1934),捐资创办屯头小学,以学校为阵地开展革命斗争;点头龙田村人李得光(1902—1981),1937年主持私立北岭中学的筹建工作;秦屿人周梦虞(1865—1940),曾任桐山书院山长、桐山小学堂堂长、福宁中学学监、省立第三中学校长等职,参与筹建私立北岭中学,任名誉董事长,热心公益事业,民国年间主修《福鼎县志》;沙埕澳腰村人陈维新(1903—1958),担任北岭初级中学首届校长;桐山人梁镜寰(1886—?),因为家贫,考上福宁府(今霞浦)中学以后,是由学校几位教师资助才完成学业的,福宁中学堂毕业后,1913年曾任霞浦县初级小学校长,1918年赴省城福州道立乌石山师范读书,毕业后历任福鼎岐阳高级小学校长(今前岐中心小学)、县立桐山小学教员、县教育局长等职,1938年,与各界人士发起筹办县立初级中学,并亲自到校任课,赠送图书,等等。② 正是他们的热心奉献,以及社会各界的大力支持,才使得福鼎近代教育在经费师资都非常缺乏的条件下得到一定程度的发展。

值得一提的是,1931年,福鼎还创建了县图书馆,将县城北门的城楼修缮为馆址,开设书刊阅览室、报纸阅览室和图书管理室,因为每月经费很少,只能经常发动社会力量捐赠图书。1936年,图书馆扩充为民众教育馆,开设有民众夜校,1938年,教育馆改办为中心民众学校,1940年图书馆迁址城隍庙。③ 这些机构的创设以及民众的参与,也从一个侧面反映出当地重视学习、重视教育的良好社会风气。

---

① 朱挺光:《点头校史》,福建省福鼎县委员会文史工作组编:《福鼎文史资料》第六辑,1987年,第49~57页。
② 福鼎县地方志编纂委员会编:《福鼎县志》,福州:海风出版社,2003年,第929、931、925、933页;福建省福鼎县委员会文史委员会编:《福鼎文史资料》第11辑,1993年,第161~165页。
③ 福鼎县地方志编纂委员会编:《福鼎县志》,福州:海风出版社,2003年,第709、729页。

参考文献

[1] 福建省福鼎县委员会文史组编:《福鼎文史资料》第 1 辑,1982 年。

[2] 福建省福鼎县委员会文史工作组编:《福鼎文史资料》第 6 辑,1987 年。

[3] 福建省福鼎县委员会文史编纂委员会编:《福鼎文史资料》第 10 辑,1991 年。

[4] 福建省福鼎县委员会文史委员会编:《福鼎文史资料》第 11 辑,1992 年。

[5] 福鼎县地方志编纂委员会编:《福鼎县志》,福州:海风出版社,2003 年。

[6] 刘海峰、庄明水:《福建教育史》,福州:福建教育出版社,1996 年。

[7] 周瑞光汇编:《福鼎旧志汇编》,厦门:厦门大学出版社,2012 年。

[8] 周瑞光:《摩霄浪语》,福州:海潮摄影艺术出版社,1999 年。

[9] 中国人民政治协商会议,福建省福鼎县委员会文史编纂委员会编:《福鼎文史资料》(第 2 辑、第 3 辑、第 4 辑、第 5 辑、第 7 辑、第 8 辑、第 9 辑、第 13 辑、第 14 辑、第 15 辑、第 16 辑、第 17 辑、第 18 辑、第 19 辑、第 20 辑)。

地方叙事中的福鼎革命

——基于文史资料研究

厦门大学马克思主义学院　佳宏伟　苏心怡

前　　言

文史资料编纂最早提议可以追溯至政协第三届全国委员会第一次全体会议闭幕后周恩来总理的提议。根据周恩来总理的提议,1959年,政协全国委员会专门设立文史资料研究委员会,负责计划、组织和推动相关工作。之后,政协各省、市、自治区委员会,包括政协县级委员会都先后成立相应机构,负责各地的文史资料编纂情况。特别是早在1959年7月20日,文史资料研究委员会第一次会议通过《中国人民政治协商会议全国委员会文史资料研究委员会工作办法》就明确规定征集的文史资料"由亲身参加或与闻有关历史事件的人撰述","撰写的事实和内容必须真实、具体"。① 文史资料的这一"亲历、亲见、亲闻"的编纂原则为我们进行相关历史研究,特别中国近现代史研究提供了鲜活历史资料。因此,学术界也越来越重视文史资料

---

① 本研究获得本人主持2019年教育部示范优秀教学科研团队建设项目(重点选题)和厦门大学马克思主义理论"双一流"学科建设项目资助,特此说明!《中国人民政治协商会议全国委员会文史资料研究委员会工作办法》,载中国人民政治协商会议全国委员会文史资料研究委员会编:《文史资料选辑(第一辑)》(内部发行),北京:中华书局,1960年,第147页。

的学术价值,已经有一系列的相关成果问世。①

福鼎文史资料的编纂,最早可以追溯至1960年成立的福鼎县政协文史研究组所征集、整理、编写和油印的一些史料。不过,因"文革"冲击,相关编纂工作中断,一些资料也散尽净失。1981年1月,县政协恢复设立文史工作组。②文史编纂工作再次提上日程,1982年10月,编纂出版《福鼎文史资料》第1辑,截至2014年,共计编纂出版31辑的文史资料。从这些资料内容看主要涉及福鼎各个历史时期的政治、军事、经济、工商、科学、民族、宗教、文艺、社会和革命等各方面内容。这对于我们了解福鼎地域社会的政治、经济、军事、文化以及本文关注的革命历史都是十分有益。应该说,与传统的宏大叙事资料最大不同就在于这些资料让我们可以从一个更为地域的视角观察近百年来一些重大历史变革的地方经验。

根据我们对截至2014年出版的总计31辑《福鼎文史资料》的整理分析,福鼎文史资料中有关福鼎地方革命事件、人物和遗迹的相关记载的文章总计有195篇。这些资料主要涉及三种类型:

(一)早期跟随孙中山革命的福鼎本地的革命党人物和活动的回忆性资料,涉及人物有潘雨峰、朱腾芬、周忠魁、朱明湘、纪天声等人,其中潘雨峰、朱腾芬、周忠魁三人被誉为福鼎辛亥三杰,因此,文史资料有关三人的事迹最多,其中1991年出版《福鼎县纪念辛亥革命八十周年专辑》也集中在这三人的有关革命事迹。

(二)有关革命年代福鼎共产党人的革命活动及事迹的相关资料。福鼎是闽东革命根据地和浙南游击根据地的重要组成部分。早在1929年,福鼎籍共产党员黄丹岩、黄淑琮先后从福州返乡,在沿海一带向贫苦农民、渔民

---

① 相关研究可参阅:侯杰:《文史资料与近代中国工商业者研究——以宋则久为例》,《郑州大学学报(哲社版)》2014年第3期;李净昉:《文史资料:解读近代中国新闻媒体的新路径》,《郑州大学学报(哲社版)》2014年第3期;侯杰、刘文慧:《报刊媒体与近代中国社会——以文史资料为中心》,《文学与文化》2014年第3期;胡安徽:《文史资料革命故事与大学生社会主义核心价值观培育》,《贵州师范大学学报(社会科学版)》2015年第4期;侯杰、王凤:《〈益世报〉与雷鸣远探析——以〈天津文史资料选辑〉为中心的考察》,《文学与文化》2016年第1期。

② 福鼎市政协志编纂委员会编:《福鼎政协志(续编)》,福鼎市政协志编纂委员会,2006年,第173页。

宣传革命主张，从事地下革命活动。1930年，福鼎第一个党小组在筼筜成立。① 之后福鼎人民在共产党的领导下，积极投身革命工作，历经土地革命、抗日战争和解放战争，文史资料中有大量的相关叙述内容。这些资料既有《闽浙省委的建立和红军挺进师在福鼎地区开展革命斗争概况》《回忆闽浙边根据地的斗争》《坚持鼎泰革命斗争的回忆》《忆福鼎县城祝抗日战争胜利大游行盛况》《福鼎县解放的经过》《解放军进城之夜》等这些大事件背景下福鼎地方革命实践的文章，也涉及如《拥抱光明——忆福鼎师范中共城工部活动情况》《泰鼎县委赤卫队攻打油坑、后坑民团》《李家山战斗》《火攻桥墩敌堡》《前岐战斗》《南溪战斗》《东云突围》《仓边歼灭战》等大量具体革命斗争工作的资料；既有某一革命人物的事迹记述，如《红五团团长陈宝鼎》《抗日英烈丁友亮》《太姥山麓存风范——怀念郑丹甫、任曼君同志》《李海传略》等，也有诸如《革命火种满校园——记述鼎师第二批同学参加游击队前后》《抗战时期福鼎知青三次集体投笔从戎简述》《福鼎知识青年革命活动回忆》《"八英"革命姐妹花》等某些革命群体的事迹记载。

（三）关于"反革命"势力对福鼎人民施加的压迫和暴行所揭示的资料。这些资料主要集中在两个方面，一方面是对国民党反动势力和暴行的揭示，如《略述反动派对我县革命根据地的残酷摧残》《国民党八十师驻扎茗洋制造的惨案》等等；一方面集中在对日本侵略军在福鼎施暴和侵略的揭露，如《当年侵华日军窜扰磻溪乡情况》《侵华日军在福鼎暴行纪要》《侵华日海军蹂躏沙埕惨状》等等。

应该说，这些记载文本的撰写者都是相关事件和人物的亲历者或者亲闻者，其资料的真实性，虽然在某一具体问题可能上有一些争议②，但是总体而言，这些资料的可靠性和独特性是其他资料所不具备的。因此，本文主要是希望通过梳理这些文史资料记载中有关福鼎革命的事、人、物，考察近

---

① 中共福鼎县委组织部、中共福鼎县党史研究室、福鼎县档案馆编：《中国共产党福建省福鼎县组织史资料》，福州：福建人民出版社，1999年，第1页。

② 例如《福鼎文史》第22辑刊登了陈海亮《关于告倒贪官赵士鹏一事辩正》一文对《福鼎文史》第20辑上刊登《朱腾芬轶事》一文记载的相关事实提出疑问。

代史上若干重大革命事件在福鼎这一地方的实践及其表达。①

一、国民革命:福鼎的革命党人

福鼎革命党人,最有名的莫过于被誉为福鼎辛亥"三杰"的潘雨峰、朱腾芬、周忠魁。文史资料对于三人的事迹记录也可以说最为丰富。从这些记载文本可知,作为福鼎革命党人的杰出代表,具有以下几个特点:

(一)具有坚定的革命主义情怀

潘雨峰、朱腾芬、周忠魁这三人都是在国民革命早期,同盟会创立之初,即积极参加辛亥革命,具有坚定革命主义情怀。潘雨峰,福鼎桐山人,1903年,进入保定军校,结识黄兴、朱执信、白崇禧、顾祝同、刘建绪、蔡廷锴、蒋光鼐、陈仪、程潜等人。1905年,跟随朱执信、黄兴和廖仲恺等人赴日本东京,亲自参与并见证同盟会成立大会。② 后历任北伐军游击十一路指挥官兼参谋长、福建民军收编处处长、讨贼军第四路粤军第四支队指挥官、国民革命军第一军及东路军参谋。③ 朱腾芬,福鼎果阳人。1905年考取官费留学生,初入日本陆军学校,继转入东京政法大学学习,结识孙中山等在日志士,加入中国同盟会。④ 1912年,回闽首任福建法政专门学校。1913年,国会成立,被举荐为众议院议员。袁世凯窃取政权后,回闽任职法政大学,鼓吹"二次革命"、"讨袁护法"。⑤ 1921年,广州军政府筹谋北伐,被委任为福建军民

---

① 关于福鼎革命史的相关研究,主要侧重于组织机构、党史人物研究,相关研究如:中共福鼎县委组织部、中共福鼎县党史研究室、福鼎县档案馆编:《中国共产党福建省福鼎县组织史资料》,福州:福建人民出版社,1999年;叶干铃:《中共福鼎党史人物辞典》,福州:福建人民出版社,2001年。
② 潘玲:《忆先父潘雨峰》,政协福建省福鼎县委员会文史编纂委员会编:《福鼎县纪念辛亥革命八十周年专辑》,1991年,第9~11页。
③ 潘令:《先父潘雨峰早期参加辛亥革命印证》,福建省福鼎市委员会文史资料委员会编:《福建文史》第22辑,2003年,第129页。
④ 朱挺光:《同盟会员朱腾芬先生事略》,政协福建省福鼎县委员会文史编纂委员会编:《福鼎县纪念辛亥革命八十周年专辑》,1991年,第38~39页。
⑤ 陈海亮、朱挺光搜集整理:《同盟会会员朱腾芬》,政协福建省福鼎县委员会文史组编:《福鼎文史资料》第1辑,1982年,第25~28页。

招抚使,因所筹活动经费不足,心急如焚,动员其母亲和妻子将其祖遗80担租的田产,变卖充作公用,称"国民革命必定成功,平均地权必定实行,儿不会种田,留田无用,令儿受命闽事,需款恐急,晚请见谅,助儿成事"。① 周忠魁,福鼎硖门乡人,1905年加入中国同盟会。1911年11月8日,福建的孙道仁举旗义举。周忠魁积极配合,带领一批志士连夜往缴北库枪弹,接济军火,转战水埠、津门、高节里,屡立战功,被授予开国奖章一枚和二等大奖状执照。袁世凯篡夺政权后,回福州与革命志士共谋讨袁护国。国民革命军挥师北伐,又请缨北上出征。②

(二)积极推动本地社会建设

他们关心福鼎同乡疾苦,积极推动本地社会建设。他们在积极投入国民革命工作的同时,也非常关注福鼎乡亲的疾苦,对于地方恶霸依仗权势欺压百姓的行为深恶痛绝。1936年,潘雨峰在磻溪组织农会时,遇到一位老婆婆诉说长子被保长抓去当兵,眼下一家三口,子女无依,难易度日。潘先生见到老妪声泪俱下,便迅步赶到保长林吓九家,声色俱厉,要求保长派人代耕,并责令送干谷一担作其口粮。③ 周忠魁,二十四岁,擢周墩汛官时,有一恶棍欺压良民,横行乡里,历任者或与之勾结,朋比为好,或袖手旁观,无奈他何。公甫到任,出示安民云:"若有恶劣行径者,限期投案,悔过自新,不咎既往,否则严惩不贷。"唯该恶棍依然执迷不悟,且扬言曰:"官奈我何?"公亲自出马,三擒三纵,晓以大义,终使就范,伏罪痛改,从此已境晏然。④ 1937年左右,有一位流落街头的江北客人,无法回乡与家人团聚,沿街乞讨,落魄不堪。周忠魁先生见状,慷慨资助其盘缠,使得破镜重圆。⑤ 朱腾芬一生也恬淡民利,关心当地群众疾苦。他时常资助青年学生,"借款不拒,

---

① 陈师波:《朱腾芬先生轶事》,福建省福鼎市政协文史委员会编:《福建文史资料》第20辑,2001年,第70页。

② 周秀莲、王孙明:《辛亥革命勋章获得者周忠魁》,政协福建省福鼎县委员会文史组编:《福鼎文史资料》第1辑,1982年,第22~23页。

③ 林宸、林振:《缅怀辛亥革命老前辈潘雨峰先生》政协福建省福鼎县委员会文史编纂委员会编:《福鼎县纪念辛亥革命八十周年专辑》,1991年,第33页。

④ 周瑞光:《孙中山的奖章获得者——记参加辛亥革命的周忠魁先生》,政协福建省福鼎县委员会文史编纂委员会编:《福鼎县纪念辛亥革命八十周年专辑》,1991年,第62页。

⑤ 周瑞光:《孙中山的奖章获得者——记参加辛亥革命的周忠魁先生》,政协福建省福鼎县委员会文史编纂委员会编:《福鼎县纪念辛亥革命八十周年专辑》,1991年,第74页。

还款不收",如资助在京的福建籍学生陈联芬、陈鸣銮、李德光等住宿腾芬公馆。① 北伐成功后,革命元老林森、居正、邹鲁等电函上京,朱腾芬由于担心其苦心经营的嵛山岛垦殖公司,赋诗称:"孤山浮海海浮天,四顾茫然懒着鞭,已把余生付荒岛,何时再结酒杯缘。"②

(三)积极投身抗日战争

他们积极投身反对日本的侵略行为。潘雨峰先生对日寇侵华,恨之入骨,为纪念济南惨案中牺牲的蔡公时烈士,在上海将自己住宅捐献出来创办"公时中学",借此激发人民的抗日情绪。③ 周忠魁先生则亲自上书抗日军事委员会,请缨北上抗日,后被委任为福建省军官区兵役顾问。抗日战争期间,活跃在全县各乡镇,热心为民宣传"团结抗日,中国必胜",④甚至敢冒"骂""赶",宣传抗日救国。⑤ 1945年,福鼎县在府前街建一座"抗日救亡将士纪念碑",周忠魁先生路过碑前,总要肃穆片刻,脱帽行九十度鞠躬礼。⑥

(四)积极拯救被迫害的共产党人

他们支持共产党的民主革命,积极拯救受迫害的共产党人。潘雨峰利用自己先后任职盐城县长和金门县长的特殊身份,解救关押在两地的数名"要犯(共产党人)"。⑦ 福鼎城关的吴晋康,因参与中共地下党活动,被关押上饶集中营,其家人请求潘雨峰先生,潘先生一封书信给当时的第三战区司

---

① 陈师波:《朱腾芬先生轶事》,福建省福鼎市政协文史委员会编:《福建文史资料》第20辑,2001年,第70页。

② 朱挺光:《同盟会员朱腾芬先生事略》,政协福建省福鼎县委员会文史编纂委员会编:《福鼎县纪念辛亥革命八十周年专辑》,1991年,第52页。

③ 潘玲:《忆先父潘雨峰》,政协福建省福鼎县委员会文史编纂委员会编:《福鼎县纪念辛亥革命八十周年专辑》,1991年,第24页。

④ 周瑞光:《孙中山的奖章获得者——记参加辛亥革命的周忠魁先生》,政协福建省福鼎县委员会文史编纂委员会编:《福鼎县纪念辛亥革命八十周年专辑》,1991年,第74~75页。

⑤ 方正:《我心目中的周忠魁先生》,政协福建省福鼎县委员会文史编纂委员会编:《福鼎县纪念辛亥革命八十周年专辑》,1991年,第84~85页。

⑥ 林振秋:《忆周忠魁先生二三事》,政协福建省福鼎县委员会文史编纂委员会编:《福鼎县纪念辛亥革命八十周年专辑》,1991年,第91页。

⑦ 潘令:《解救共产党人——先父潘雨峰传奇经历》,福建省福鼎市政协文史委员会编:《福建文史资料》第20辑,2001年,第83~84页。

令官顾祝同,解救出吴晋康。1936年,中共浙南游击纵队司令员郑丹甫前妻之哥温承厚,被国民党八十师绑赴法场。潘雨峰身穿长袍,手持竹杖,漫步法场,救出温承厚。潘雨峰不仅积极拯救被迫害的共产党人,据女儿回忆,还积极鼓励子女参加革命,其三个子女,在其鼓励下,大女儿潘玲十六岁参加中共地下党,小女儿潘慧如十五岁参加中共浙南游击队,儿子潘明十五岁参加解放军。①周忠魁先生利用其特殊身份,也多次暗助共产党人士。1937年左右,福鼎硖门乡瑞云、鱼井、石蓝等村因为"赤化"嫌疑被海军陆战队逮捕了十多人。周忠魁先生闻讯赶至县政府,申辩称:"这些人犯我全部认识,都是脱赤脚、扛锄头的做田人,安分守己,何罪之有?"十几个人一一被释放。②

二、民主革命:共产党人在福鼎

早在五四运动时期,福鼎县工、商、学各界就积极响应,一些青年爱国学子组织宣传队上街头讲演;办民校,招收文盲工人入学,开展思想启蒙运动。③福鼎的共产党活动可以追溯至五四运动之后,这些知识青年回乡宣传共产党主张,所进行的地下革命活动。④文史资料中有大量关于共产党人在福鼎的革命事迹记述,梳理这些革命事迹,我们可以非常直观观察到一个县域社会的革命过程。

(一)个体到组织:福鼎革命组织机构不断完善

福鼎位于闽浙边界,东北部与浙江的泰顺、平阳县毗连,东临海,西南与柘荣、霞浦交界。早期的革命活动是店下筼筜村的黄淑琮和屯头村的黄丹

---

① 潘玲:《忆先父潘雨峰》,政协福建省福鼎县委员会文史编纂委员会编:《福鼎县纪念辛亥革命八十周年专辑》,1991年,第25~29页。

② 周瑞光:《孙中山的奖章获得者——记参加辛亥革命的周忠魁先生》,政协福建省福鼎县委员会文史编纂委员会编:《福鼎县纪念辛亥革命八十周年专辑》,1991年,第74页。

③ 黄菊坡:《五四爱国运动在福鼎》,政协福建省福鼎县委员会文史工作组编:《福鼎文史资料》第3辑,1984年,第28~34页。

④ 中共福鼎县委组织部、中共福鼎县党史研究室、福鼎县档案馆编:《中国共产党福建省福鼎县组织史资料》,福州:福建人民出版社,1999年,第9页。

岩等同志在沿海一带秘密组织开展。① 1926年,黄淑琮在福州结识叶秀蕃、范俊等人,接受马克思主义。1929年,在福州加入共产党后,回乡办蒙馆,从事秘密革命。1930年7月,建立福鼎第一个农民小组。10月成立福鼎最早的党小组——篔筜小组,积极开展"抗租、抗税、抗粮"活动。1930年,闽东党的负责人马立峰、叶秀蕃、詹如柏、黄淑琮等人先后在福鼎店下篔筜、秦屿屯头等地秘密活动,到后坪、岚亭、瑞云、硖门、小麻阳等地进行革命宣传,并建立党的组织和贫民团。之后,贯岭、前岐、叠石、白琳、磻溪、管阳都燃起革命烈火。② 至1931年底,建立了20多个党小组。1932年,黄淑琮建立福鼎县第一支革命队伍——篔筜赤卫队。1932年冬天,中共篔筜支部成立,黄淑琮任职书记。

之后,福鼎革命活动的组织机构日益完善。1933年冬,成立福鼎县委,福鼎革命斗争迅速从沿海地区向边界地区扩展。至1935年冬,已发展到五个区,即沿海区、上南中心区、下南区、西南区、下西南区,其范围北至沙埕港南至霞浦县交界。③ 苏维埃政权在各地也纷纷建立。至1935年,福鼎先后成立二区(茶阳)、八区(设大峨、梅山)、四区(设赤岩、长久昌)、西北区(设乍阳)等苏维埃政权。④ 各区下辖村级政府也纷纷成立苏维埃政权,积极动员各阶层群众参加革命。例如,1935年6月,在茶阳成立第二区苏维埃政府,下辖茶阳、广化、溪头、沈青、雅阳、章坑、五蒲、熊透等20个村苏维埃政府。在区、村政府领导下,普遍建立赤卫队、青年团、妇女会、儿童团等群众组织,开展革命宣传、抗租、抗税、抗粮、抗捐、抗债、打土豪、烧田契、分青苗等活动。茶阳青少年百分之九十以上参加了赤卫队、妇女会、青年团和儿童团。⑤

福鼎革命的组织机构不仅向基层乡、村延伸,其上级组织机构,根据福

---

① 郑丹甫:《回忆闽浙边根据地的斗争》,政协福建省福鼎市委员会文史工作组编:《福鼎文史资料》第2辑,1983年,第12页。

② 钟大湖:《畲山烽火》,载政协福建省福鼎市委员会文史工作组编:《福鼎文史资料》第20辑,2001年,第2~6页。

③ 《闽浙省委的建立和红军挺进师在福鼎地区开展革命斗争概况》,政协福建省福鼎市委员会文史工作组编:《福鼎文史资料》第2辑,1983年,第1~11页。

④ 方东、张利民:《管阳枪案始末》,政协福建省福鼎市委员会文史工作组编:《福鼎文史资料》第7辑,1988年,第90页。

⑤ 汪敬汎、汪敬礼:《红军活动时期的茶阳村》,政协福鼎市第九届委员会文史资料委员会编:《福鼎文史资料》第18辑,1999年,第26~27页。

鼎革命形势的不断发展,也不断调整完善。1929 年,福鼎革命活动隶属闽东特委领导。① 1935 年 6 月前后成立鼎平县委,8 月改为鼎平中心县委,领导平阳中心区、澡溪区、下东区、上东区。其范围在福鼎县沙埕以北与平阳县(苍南县)的结合部分。1935 年 12 月成立闽浙边区特委。1936 年 3 月,正式成立浙南特委,领导瑞平泰、鼎平、福鼎三个县委工作。1936 年 6 月以后,闽浙省委决定将福鼎的桐山西部和点头、白琳至太姥山一带地方划出来,与霞浦县部分地区合并,成立桐霞县,福鼎、鼎平、桐霞县委归浙南特委管辖。之后不久,临时省委又在鼎泰区的排头村(福鼎县境内)召开会议成立浙南人民革命委员会。福鼎、鼎平、桐霞、瑞平泰四县及各区、乡相应成立人民革命委员会。②

很显然,从这些文史资料的相关叙述分析,福鼎革命力量,虽然不断遭受反革命势力的"围剿",但是依然坚持斗争,不断发展。这显然与福鼎革命组织从无到有,从弱到强,组织动员力量不断增强密不可分。正如陈辉在《坚持鼎泰区革命斗争的回忆》一文中所讲的,闽浙边在反动军队疯狂"围剿"之际,革命转入低潮,鼎泰区却能够坚持斗争,其中主要有四点:鼎泰区从开辟工作开始,就重视建党工作,在基层村庄建立支部;党组织在群众中有很高威信;正确执行当时上级党组织一系列政策;上级省委机关指导有力。③ 虽然这里叙述的是鼎泰地区,实际上,福鼎其他地区也是如此。

(二)精英到群众:福鼎革命主体日益壮大

福鼎革命活动之所以能够从星星之火,不断展现燎原之势,从这些文史资料的相关论述也不难看出,一方面与福鼎不断涌现出一大批革命政治精英密切相关,如黄淑琮、黄丹岩、陈宝鼎、王宏文、郑一成、李海、黄汝政、郑衍宗、王烈评、林辉山、陈辉、高定静等等。文史资料中有大量相关事迹。如,黄丹岩,1929 年加入中国共产党。在福鼎串联知识分子成立"反帝大同盟"。1932 年,以福鼎三佛塔为中心,以店下兰亭地区的各村为基点,成立

---

① 王烈评:《福鼎县解放的经过》,《福鼎文史资料》,政协福鼎市第九届委员会文史资料委员会编:《福鼎文史资料》第 18 辑,1999 年,第 9~13 页。

② 《闽浙省委的建立和红军挺进师在福鼎地区开展革命斗争概况》,政协福建省福鼎市委员会文史工作组编:《福鼎文史资料》第 2 辑,1983 年,第 1~11 页。

③ 陈辉:《坚持鼎泰区革命斗争的回忆》,政协福建省福鼎市委员会文史工作组编:《福鼎文史资料》第 2 辑,1983 年,第 27~28 页。

抗捐指挥部,发动群众进行抗捐斗争。①郑一成,1930年加入共产党,与黄淑琮、叶秀蕃等人一起从事秘密革命活动。1932年,与蔡加城在后坪、屿前等村组织赤卫队。②黄汝政,福鼎照澜村人,1936年,以照澜小学校长的身份在前岐照澜开展革命工作7年之久,1938年加入共产党。③李海,福鼎茗洋村人。1938年7月加入共产党。先后利用任职福鼎县政府职务,救出多名革命人士。1939年,救出中共浙南特委组织部长林辉山。1946年,救出中共交通员洪仕月,进步学生王祖丹及革命群众数十人,并掩护中共浙南特委妇女部长陈碧如及共产党人林永中。④王烈评,福鼎前岐薛桥村人,1938年8月入伍,12月加入共产党,1947年7月作为浙南游击队第三县队队长,在鼎、平、泰区域活动,参加过南溪、桥墩、泗溪、复船、解放泰顺县城和南山岭伏击战等战斗。⑤高定静,福鼎桐山人,1947年6月加入共产党。1948年1月任中共城工部福鼎支部书记,参加解放福鼎的战斗。⑥

另一方面,福鼎革命活动之所以历尽艰辛,仍可成为闽东革命一面旗帜,除了这一大批革命精英之外,最重要还在于共产党所领导的革命从一开始就根植于福鼎基层民众,而且不仅仅是劳苦大众,根据革命需要,只要有利于革命、拥护革命的人士都积极动员。如,1931年九一八事变后,根据形势需要,扩展"反帝大同盟"组织,并在店下岩洞村召开"反帝大同盟"成员会议。1932年中共福鼎支部成立,虽然有"抓土豪,做财政"的提法,但是土豪捉来之后,首先是思想工作,不到万不得已,不把做财政的土豪杀掉。1933年11月13日黄淑琮捉林步蝉便是一例。抗战初期,福鼎党组织对基点村的保甲长采取"真诚相待,讲究信用,说服教育"的办法,能争取的争取,不能争取促其中立。对地方上绅士和商人的进步分子表示欢迎。中立者允许来去自由,继续经商。对国民党军,"欢迎白军士兵杀死官长拖枪当红军"口号

---

① 《福鼎早期革命领导人黄丹岩》,福建省福鼎市政协文教卫体委员会编:《福鼎文史(秦屿专辑)》第25辑,2008年,第85～86页。
② 陈耿、李宪建:《临危不惧的郑一成》,政协福鼎市委员会文教卫体委编:《福建文史(店下专辑)》第27辑,2009年,第94～95页。
③ 李永恩、李声煌:《怀念恩师黄汝政》,福建省福鼎市政协文史资料委员会编:《福鼎文史》第21辑,2002年,第19～21页。
④ 《李海传略》,福建省福鼎市政协文史资料委员会编:《福鼎文史》第21辑,2002年,第13～14页。
⑤ 叶干铃:《中共福鼎党史人物辞典》,福州:福建人民出版社,2001年,第8页。
⑥ 叶干铃:《中共福鼎党史人物辞典》,福州:福建人民出版社,2001年,第365页。

为"欢迎白军枪口对外,同红军一起共同抗日"。① 土地革命时期,为了争取广大群众的支持,积极开展土地革命,针对不同群体提出不同策略,制定六条规定:1.没收地主全部土地和富农的多余土地,分配给无地或少地的雇农、贫农耕种;2.中农土地原则上不动,但也可在自愿基础上进行个别调整;3.手工业工人、小学教师、兼做小买卖的,半工半农和半商半农家庭根据其收入的多寡,由群众公议,适当分配其土地;4.地主分配一部分坏地;5.地主自耕地和富农多余土地的青苗分配给雇农、贫农收割;6.佃农耕种土地上的青苗,一般由佃农自己所有。这些政策实施和开展获得广大群众的热烈拥护,"他们自觉地为红军当向导,做后勤工作,掩护并治疗伤病员;在艰难而残酷的反'围剿'斗争中,他们仍然与党和红军紧紧地站在一起坚持英勇不屈的斗争"。②

三、反革命:旧势力对革命力量的迫害与暴行

与革命事迹密切相关,文史资料还涉及大量有关反革命势力的事迹叙述,这些叙述对我们从另一个面向理解和解释福鼎革命的内在逻辑提供鲜活地方史资料。相关资料主要涉及两个方面:一方面,是国民党反动势力对福鼎革命力量及人民的迫害与暴行;另一方面,是日本侵华势力对福鼎革命力量及人民的施暴与侵略。

(一)国民党反动势力对福鼎革命力量及人民的迫害与暴行

国民党反动势力压迫、残害福鼎人民及"围剿"革命活动的资料,据文史资料所载主要涉及的反动人物及部队主要有:林德铭、张文山、国民党第八十七师、国民党军八十军、国民党新编第十师以及油坑、后坑反动兵团等。

林德铭,是国民党反动势力的典型人物,被称为"福鼎反共杀人魔王"、

---

① 庄有柱:《民主革命时期福鼎党开展统战工作概况》,政协福建省福鼎市委员会文史编纂委员会编:《福鼎文史资料》第9辑,1990年,第58~73页。
② 《闽浙省委的建立和红军挺进师在福鼎地区开展革命斗争概况》,政协福建省福鼎市委员会文史工作组编:《福鼎文史资料》第2辑,1983年,第1~11页。

"国民党反动派鼎平泰两省三县反共联防魁首"。他勾结反动头子,扩充特务组织,疯狂捕杀革命同志和群众,破坏革命组织。有一次,"以捕风捉影地扬言有个穿单只草鞋的红军进城,就封闭城门搜查,无辜被捕的群众达几十人",①而且手段惨无人道,他把革命同志林宗爱"用钉板滚死",把章志忠同志"施以电刑致死"。②张文山是国民党管阳联保主任,为瓦解革命武装力量,多次策划反共活动。1935年9月,张文山以假投降和枪支弹药为诱饵,诓骗地下革命组织负责人。因缺乏革命武器和麻痹大意,地下组织负责人季美达、郑天德无备赴约,中弹牺牲,用以交换的现金也落入敌手,"这一不幸事故,给当时的鼎泰县革命组织带来了巨大损失。"③

为了彻底"消灭"红军,国民党军队及其地方武装,也肆意屠杀革命同志及革命群众,手段极为残忍。1934年5月,国民党新编第十师由霞浦调往福鼎清剿红军。农历六月初三,油坑、后坑反动兵团配合新十师对老区南广歇坪、墩头、后坪、梅洋、龟洋5个村实行清剿。据《第二次国内革命时期磻溪根据地斗争史》记载:"当天枪杀了墩头村18名及梅洋村70多名男女革命群众,抢光五村粮食并猪、牛、羊、鸡、鸭、鹅等家禽家畜,甚至连南瓜也被刮走,还放火烧了龟洋、梅洋两村。"④关于此次清剿暴行,在《霞鼎泰县委赤卫队攻打油坑、后坑民团》中也有记载,称"放火烧了后坪、梅洋、龟洋3个老区基点村,抢光后坪、梅洋、龟洋及南广歇坪4个老区村的粮食、鸡、鸭、猪、羊、牛及值钱的物品,老区人民痛恨至极。"⑤虽然具体记载稍有不同,但都从不同侧面反映了当时国民党反动势力的累累罪行。1934年10月,国民党调集重兵对闽东苏区发动全面围剿,敌七十八师一个团、新十师一个营及伪闽保安团一个旅进犯霞鼎苏区,新十师一个营又前往前岐、秦屿、白琳一

---

① 县文化馆供稿:《林德铭罪行实录》,政协福建省福鼎市委员会文史工作组编:《福鼎文史资料》第2辑,1983年,第121页。
② 县文化馆供稿:《林德铭罪行实录》,政协福建省福鼎市委员会文史工作组编:《福鼎文史资料》第2辑,1983年,第122页。
③ 方东、张利民:《管阳枪案始末》,政协福建省福鼎市委员会文史工作组编:《福鼎文史资料》第7辑,1988年,第92页。
④ 杨祖良:《第二次国内革命时期磻溪根据地斗争史》,政协福鼎市委员会教科文卫体与文史学习委编:《福鼎文史(磻溪专辑)》第30辑,2012年,第86页。
⑤ 吴乃意:《霞鼎泰县委赤卫队攻打油坑、后坑民团》,政协福鼎市委员会教科文卫体与文史学习委编:《福鼎文史(磻溪专辑)》第30辑,2012年,第86页。

带,对沿海区、上南区、下南区和上东区进行"围剿"①。1935年6月,国民党第八十七师来磻溪进行"围剿"革命力量,章家岭畲村"被焚毁民居240间,枪杀畲民男女老少121人(占全村人口86%)",南广、仙蒲、梅洋、龟洋、章家岭5个村"有357间民房被烧,415人被杀害"。②1936年,国民党军八十师驻扎茗洋,围剿共产党,连长蔡仲标因开会时一名叫陈题民的壮丁不服,当场命士兵将其压在地下,"用刺刀连捅七八十刀,刺刀插进去拔不出来,用脚踩在背上拔,陈题名翻滚哭叫,惨状难以形容。"③在"清剿"期间,国民党反动势力还采用了惨无人道的酷刑,"如棍打屁股、灌辣椒水、跪炼踩杠、上老虎凳、魁星吊斗……牵引锁骨、凿牙割舌等五十多种"。④1937年1月,肃反队员吴振昌(前岐大路龙头湾人)被敌人抓去,"用棉花捆扎全身,浇上煤油,活活烧死";2月,下东区肃反队队员梅世桐被敌联甲兵抓去,"剖腹挖心";凤桐井头的陈二妹,时任下东区妇女,被敌人抓去,"割掉双乳,乱刀刺死"。⑤1949年春末,解放军渡江解放南京,"原盘踞在芜湖一带的蒋介石反动部队李延年兵团的溃军数万人,由皖浙边区,逃到浙西南龙泉一带,窜入福鼎县城,抢夺掳掠,无所不用其极"。⑥1949年6月11日和17日,福鼎和霞浦先后解放,但两县沿海交界处的大嵛山岛仍盘踞国民党残余势力及封建迷信团体大刀会。由于失去补给,他们"经常派出小股武装,在我闽东和浙南沿海地区拦劫商船,到一些滨海村庄,抢夺粮食和物资。"1949年农历六月初三清晨,备湾群众就遭受抢劫,"全村男女老少哭喊声,尖叫声,牲畜声,打砸声,汇成一片,刺人肺腑",劫后"狼藉满地,惨不忍睹。"⑦

---

① 钟大湖:《血溅战旗》,政协福建省福鼎市委员会文史工作组编:《福鼎文史资料》第20辑,2001年,第7页。
② 杨祖良:《第二次国内革命时期磻溪根据地斗争史》,政协福鼎市委员会教科文卫体与文史学习委编:《福鼎文史(磻溪专辑)》第30辑,2012年,第86页。
③ 李海:《国民党军八十师驻扎茗洋制造的惨案》,政协福建省福鼎市委员会文史工作组编:《福鼎文史资料》第5辑,1986年,第151页。
④ 胡汉昭搜集整理:《略述反动派对我县革命根据地的残酷摧残》,政协福建省福鼎市委员会文史工作组编:《福鼎文史资料》第2辑,1983年,第117页。
⑤ 黄坚定:《前岐(闽浙边区)革命史略》,政协福鼎市委员会教科文卫体与文史学习委编:《福鼎文史(前岐专辑)》第31辑,2014年,第146页。
⑥ 李海:《民国以来军阀部队三次窜鼎记述》,政协福建省福鼎市委员会文史工作组编:《福鼎文史资料》第2辑,1983年,第115页。
⑦ 林振秋:《解放大嵛山纪实》,政协福建省福鼎市委员会文史工作组编:《福鼎文史资料》第5辑,1986年,第44页。

国民党反动势力,不仅肆意屠杀革命群众,在国民党统治时期,由于政治腐败,盘踞在福鼎的国民党反动势力还巧立名目,暴敛民财。福鼎沙埕渔产品征税名目就有什么渔捐、渔贾、海关、渔配、船牌等捐税,"多如牛毛"。1930年初,捐蠹姚德劳以行贿承包护网捐,与基层官员勾结勒收捐款,"每艘钓船要征收银币五十多元,不容抗缴或缓纳,违者即遭捕殴。民不堪命,怨声载道,叫苦连天。曾几次联名上书各级政府,申请豁免,竟被置之不理。"①除了苛收捐税外,国民党驻军还诱迫群众栽种罂粟以收税供应军饷。1929年,国民党海军陆战队驻三都湾部劝其管辖内的福鼎农民种植鸦片烟,"不管农民有种还是没种,一律强迫农民都要交纳鸦片捐"②。1931年秋,三都湾驻军海军陆战队一营又企图在其管辖范围内劝群众试种烟苗(鸦片烟),以收取烟苗捐。福鼎地方烟蠹施秋浦为发鸦片财,与其勾结,主动承包烟苗捐并派人下乡劝种。1932年初夏,陆战队连长尹家勋领兵勒收烟苗捐,实行"哪里有反抗,就到哪里镇压"③的措施。福鼎前岐民间歌手创作的《鸦片捐诗》中"民国岁次是壬申,国家纷乱不太平,贼、兵东反并西乱,四季派捐好惨情,钱粮加捐谷加税,苦难人民苦在心。"④就揭露了当时福鼎群众遭受的压迫,在前岐一带广为流传。

(二)日本侵华势力对福鼎革命力量及人民的施暴与侵略

日本侵华势力对福鼎的残暴行径也是令人发指、罄竹难书。文史资料中也有大量的相关叙述,涉及福鼎城关、沙埕、点头、白琳、桐山、磻溪等地。1939年农历十月,日军派三架军机轰炸城关南门,"投弹三枚,一枚炸毁施遵渊房屋二间,炸塌砖墙一扇,炸死邻居潘世耀的七十多岁老母一人,邻居房屋尽被炸倒。一枚投落环城路周家屋内,炸崩砖墙,掩压周宗坤两岁小孩

---

① 林墨西:《记沙埕港渔民抗征护网捐经过》,政协福建省福鼎市委员会文史工作组编:《福鼎文史资料》第1辑,1982年,第43页。

② 钟奕仁:《双华畲民反抗鸦片捐的斗争》,政协福建省福鼎市委员会文史工作组编:《福鼎文史资料》第13辑,1995年,第14页。

③ 黄菊坡:《福鼎人民抗烟苗税述略》,政协福建省福鼎市委员会文史工作组编:《福鼎文史资料》第1辑,1982年,第43页。

④ 蓝天、王烈麒搜集整理:《鸦片捐诗》,政协福建省福鼎市委员会文史工作组编:《福鼎文史资料》第13辑,1995年,第17页。

周庆龄一人……另一枚炸南门中街陈家及附近房屋";1941年农历八月,日军又派四架敌机,轮番轰炸南门外、肖家坝桥及洋中一带,共投弹八枚,"历时八十分钟之久,附近范围内一大片庄稼农作物尽被毁灭。"①

除了这些大规模轰炸之外,日本侵略军所到之处还大肆洗劫焚掠。1942年4月12日清晨和日军用大炮轰击沙埕,登陆后"放火焚烧沙埕商店民房达半数以上";7月10日下午,日兵炮轰之后登陆抢劫物资,"蹂躏沙埕历时两日,并烧尽前次仅余之民房店屋,被害人民无家可归,流离失所,惨状难言。"②据统计,日军骚扰沙埕期间,"毁房屋一八一座,计394房,受灾男女1689人。明矾被劫贰百余包。舢板被焚八艘,财产损失计达二百一十四万一千三百余元"。③1945年日军窜入磻溪,"邻近各村的牲畜家禽都被杀光。门及壁、豆腐架、米粉架和其他家具都被拆掉烧饭"。④1945年5月,日本侵略军又窜入白琳,"四处觅食渔色,掠夺财物。凡距白琳五华里内的村庄,靡不受其破坏,荼毒……毁民房、木器作燃料。还纵火烧毁街头下民房一大座,倪家地民房八十多间"。⑤窜经点头的日军也大肆搜劫民家珍物及牲畜物资。据不完全统计,日军窜经点头三天,"被枪杀二人,妇女被掳随军者数人,男壮被抓充夫役者数十人,许多人至今不知下落,房屋被焚毁、损失财物,约值人民币三四十万元"。⑥根据汪涵《罪责难逃的铁证——日寇在福鼎暴行的两个数据》一文中所提供的数据,更可以说明日本侵略军对福鼎人民的惨无人道,仅仅1945年6月3日至7日,福鼎"全县计被日寇烧毁的民房1869间,蒋阳、外二村及桐山街头顶成为焦土;杀死平民77人(男68人,女9人);打伤41人(男34人,女7人),被抓民夫2650人(途中被打死

---

① 施哲人:《侵华日军在福鼎暴行纪要》,政协福建省福鼎市委员会文史工作组编:《福鼎文史资料》第1辑,1982年,第45页。

② 施哲人:《侵华日军在福鼎暴行纪要》,政协福建省福鼎市委员会文史工作组编:《福鼎文史资料》第1辑,1982年,第45、46页。

③ 周瑞光:《日寇窜犯福鼎暴行补记》,政协福建省福鼎市委员会文史工作组编:《福鼎文史资料》第9辑,1990年,第29页。

④ 黄菊坡:《当年侵华日军窜扰福鼎磻溪区情况的补述》,政协福建省福鼎市委员会文史工作组编:《福鼎文史资料》第3辑,1984年,第110页。

⑤ 蔡香圃:《窜鼎日军在白琳暴行实录》,政协福建省福鼎市委员会文史工作组编:《福鼎文史资料》第1辑,1982年,第49页。

⑥ 朱挺光:《侵华日军窜扰点头暴行追记》,政协福建省福鼎市委员会文史工作组编:《福鼎文史资料》第1辑,1982年,第50页。

102人,打伤84人);粮食、牲畜、货物、衣着、农具、渔具、图书、现款被抢、被毁不计其数。全县直接损失1.6亿多元,其中民户损失达1亿多元,商业超6000万元,学校13.4万元,人民团体56万元,机关62万元。间接损失4.4千万元,其中民营事业逾4.3千万元,机关36多元,学校2.4万元。"①

结　　语

对于福鼎而言,福鼎革命传统悠久,从早期资产阶级革命派所领导的国民革命,到后来共产党革命,福鼎及福鼎人积极参与,在不同时期的革命过程中都扮演了积极角色。也许这些行为及其逻辑,从大革命视角或者国家层面去观察,显得微不足道,甚至不为人知。但是,对于福鼎及福鼎人而言,每一件发生在身边的事情都是"天大"事情,它足以改变或者影响一个人、一个家族、一个村、一个乡以及一个县的发展命运。从这些文史资料所载相关革命事迹看,这些人物或者事件在福鼎人记忆中都是不可磨灭。当然,从另一个层面,从福鼎革命叙述逻辑中,也可以窥视一些大事件的地方实践及表达。从武昌起义、二次革命、讨袁护法,到后来五四运动、新文化运动、五卅运动、北伐斗争、土地革命、抗日战争和解放战争,福鼎人都不是缺席者,他们以自己方式参与到这些重要历史进程中。

对于革命而言,无论是国民革命,还是民主革命,还是反革命,从这些文本记载中,我们可以看到福鼎人的革命认知逻辑。对于福鼎人而言,他们在判断这些所谓革命行为逻辑合理性时,其着力点无非就在于这些革命势力对他们意味着什么,对福鼎意味着什么。这也是为什么福鼎人对反革命势力如此憎恨,因为无论晚清地方帮会组织,还是后来国民党反动势力,还是日本侵华势力,他们都在榨取福鼎及其人民。共产革命之所以在如此艰辛过程中能够成功,无非是在于从开始,共产党人都是扎根于并服务于福鼎社会和人民。

对于这些资料提供者而言,福鼎革命历史,永远是其最珍贵的历史记忆和人生片段。虽然这些记忆是零碎的、片段的。但是,这些零碎的记忆或者

---

① 汪涵:《罪责难逃的铁证——日寇在福鼎暴行的两个数据》,政协福建省福鼎市委员会文史工作组编:《福鼎文史资料》第13辑,1995年,第1页。

片段记忆,恰恰说明这是他们人生中不可抹去的东西,这也势必成为未来福鼎社会用之不竭的精神源泉。文史资料的编纂最大意义和价值也无非于此。

参考文献

[1]中国人民政治协商会议全国委员会文史资料研究委员会编:《文史资料选辑》第1辑,北京:中华书局,1960年。

[2]中共福鼎县委组织部、中共福鼎县党史研究室、福鼎县档案馆编:《中国共产党福建省福鼎县组织史资料》,福州:福建人民出版社,1999年。

[3]政协福建省福鼎县委员会文史编纂委员会编:《福鼎县纪念辛亥革命八十周年专辑》,1991年。

[4]福建省福鼎市政协文史委员会编:《福建文史资料》,2001年。

[5]叶干铃:《中共福鼎党史人物辞典》,福州:福建人民出版社,2001年。

[6]福建省福鼎市委员会文史资料委员会编:《福建文史》,2003年。

[7]福鼎市政协志编纂委员会编:《福鼎政协志(续编)》,2006年。

[8]中国人民政治协商会议福建省福鼎县委员会文史编纂委员会编:《福鼎文史资料》(第1辑、第2辑、第5辑、第7辑、第9辑、第13辑、第18辑、第20辑、第21辑、第25辑、第27辑、第30辑、第31辑)。

从福鼎畲族族谱看畲民的家国意识

厦门大学历史系 刘婷玉

前 言

福鼎地区是畲民的重要聚居地,由于清代福鼎地区修谱之风的昌盛,聚居于福鼎地区的畲民家族大都有族谱存世,且其修纂刊刻水平在福建地区畲族族谱中堪称翘楚。本文拟以道光年间钟鸣云编纂的《福鼎丹桥颍川郡钟氏宗谱》、王聘三父子同治光绪年间所作福鼎浮柳洋《汝南蓝氏宗谱》和华洋《汝南蓝氏宗谱》为例,考察福鼎畲族族谱的纂修经历,以期从中一窥畲民家国意识的构建。

现有的畲族族谱研究者们几乎都注意到了畲族族谱编纂者中既有畲族本身的家族成员、也有延请汉人修谱的具体历史情境。例如蓝炯熹在《畲民家族文化》中提及的:"闽南、闽西畲民族谱的修纂,主要都由畲民家族中人完成。畲民家族中之有识之士,都将修谱为己任。家族中之文化人,更承担起编修之重担。……由于畲民文化程度的局限性,相当多的畲民家族延请当地的汉人代为修纂。汉族儒士在编修畲民族谱的过程中,既融入了汉人谱牒修纂的基本范式,又始终对畲民的家族文化心理保持相当的尊重。而畲民对长期在畲族乡村修纂谱牒的先生们也十分信任,因此往往出现汉族先生两代人前后陆续地为某个畲民家族修纂族谱的事情。陈支平《福建族谱》中记载了闽东蓝姓畲民在清代同治、光绪年间分别延请王聘三父子修纂

族谱的情况。闽东宁德猴墩村《雷氏族谱》在光绪二十三年(1896年)由童山缪书亨修纂,至民国十六年(1927年)由其子缪培琛续修"。①

缪品枚在其编纂的《闽东畲族全书·谱牒祠堂卷》一书中介绍畲族谱牒情况时也提及"畲族谱牒大约每隔20~30年重修一次。修撰者部分为汉族秀才,或曾在畲村执教多年的塾师,如霍童的缪书亨曾在猴盾执教多年,与畲族人相处如兄弟,猴盾《雷氏宗谱》就是委托他执笔编修的。也有相当部分族谱出自畲族秀才之手,如民国期间福安的雷一声就先后承编了福安溪塔《蓝氏族谱》、福安后舍《雷氏宗谱》、福安月斗《雷氏族谱》等多部畲族谱牒"。②

既然畲民族谱的创修者有畲有汉,那么这些纂修者修谱之初的依据是什么?对于始祖及迁徙历程的追溯又是出自何处?这些对于厘清畲族家族、国族意识是非常重要的依据,而要对这些问题做出解答,唯有回到具体的历史情境中,对修谱者的知识水平、观念以及族谱修纂历程进行考察,才有可能得到解答。

一、钟鸣云与《福鼎丹桥颍川郡钟氏宗谱》

福鼎佳阳乡单桥村的钟鸣云,可谓是闽东畲族史上具有里程碑意义的人物。钟鸣云(1780—1842),单桥钟氏士田公派下第二十三世,福宁府学生员,学名钟良弼。清嘉庆七年(1802年)因民间歧视畲民,钟良弼赴考受阻,遂典卖家产顽强上诉,得福建巡抚李殿图主持正义,终于第二年考取府学生员资格。其事迹被畲民编成小说歌广为传唱,鼓励了闽东浙南地区的诸多畲民为进入科举程序而进行的抗争。③ 道光十九年(1839年),年届六十的钟鸣云赋闲在家,遂与宗叔钟声高、从侄钟起程等一同纂造《单桥颍川钟氏宗谱》。④ 该谱于咸丰十一年(1861年)、光绪二年(1876年)、民国四年

---

① 蓝炯熹:《畲民家族文化》,福州:福建人民出版社,2002年,第105~110页。
② 缪品枚:《闽东畲族文化全书·谱牒祠堂卷》,北京:民族出版社,2009年,第2~3页。
③ 蓝运全、缪品枚编:《闽东畲族志》,北京:民族出版社,2000年,第427页。
④ 福鼎丹桥颍川郡钟氏宗谱,清道光十九年(1839年)手写本。

(1915年)多次重修,今日仍可看到收藏于福鼎佳阳乡双华村枇杷坑钟氏宗祠的民国四年(1915年)版本,该版是与浙江的钟氏子孙一同修造的。①

道光十九年(1839年)的《丹桥颍川郡钟氏族谱》谱头列有编纂者的名单:

纂造:丹桥廿三世孙鸣云

总理:廿二世孙声高、廿四世孙起程

兼理:廿二世孙声高

起稿:廿二世孙声高、廿四世孙起程

眷抄:裔孙声高、起珍、起程、起望

由此可知这是一部完完全全由畲民家族自己完成纂造的族谱。尽管总纂者钟鸣云声名最盛,但显然不是该族中唯一有儒学背景之人,钟鸣云的叔辈、子侄辈显然都不乏习儒之人。按民国四年(1915年)《枇杷坑颍川郡钟氏族谱》的《本支小引》所记载:

始祖士田公由九都新丘迁二十都王佳洋单桥,生继祖春福公一人,派下如希、如翔、如旺、如昌、如臣、如明。臣公在单桥创大厦,置膏腴。嘉庆七年(1802年),曾孙良弼、良材训闻诗书,志矢上进,廪生陈希尧保结,在岳邑尊与考,八年(1803年)科试,蒙恩宗师取进钟良弼府学生员第二十名,廿一年(1816年)蒙翰宗师进佾生钟良材第二名。道光廿一年(1841年),王府尊岁试,取录前列第六名钟熙,年科试取录前列第八名,廿二年(1842年)蒙温宗师取进福鼎县学第五名,咸丰己未年(1859年)乡荐中式贡元第一名,钦加州同知衔候补直隶州。

钟良弼之所以可以习儒进学,无疑是建立在其祖父辈"在单桥创大厦,置膏腴"的基础之上。而单桥钟氏家族也因此在科举之路上不断前行,不仅有钟良弼被取为府学生员,同时有其弟钟良材被录取为佾生。几乎在钟良弼与族人编纂《钟氏族谱》同时,钟氏家族达到了其科举进程的巅峰——钟熙一路由县学到乡试贡生加州同知衔。这也许在福建其他巨家大族看来不算多么值得夸耀的功名,但在科举本就不甚繁盛的福鼎地区,也足以奠定其一席之地了。这样的畲民进入科举流动的过程,在以往对于少数民族的研究中,似乎会被毫不犹豫的定性为"汉化"的标志,但若细读钟鸣云等在编纂

---

① 福鼎佳阳乡双华村枇杷坑钟氏宗祠有民国四年昆南李绳祖刻本,钟起余等主持纂修,浙江凤洋庠生钟小玉、钟庆英撰文。不分卷,1册87页,本色竹纸线装,楷体墨书。

《钟氏族谱》中所留下的诸多心迹剖析,会发觉"儒化"与"汉化"似乎不可粗暴的一概论之。

钟鸣云在《纂谱序》中叙及:

> 家之有乘,犹国之有史。史纪朝廷之刑政盛衰,乘纪一族之支派联络。是故大家巨族莫不有谱。谱也者,敦本清源之义也。盖上古之民无甚亲疏,后圣有作礼义为纪,姓以系之,食以缀之,上治祢祖,下治子孙,而人道备。人道莫先教孝,教孝莫大敦本生。天之生物,使之一本故也。敦本之义贵能追所亲,以达于亲者之所亲,追而远者周,则追而近者着。若纲之条分缕析,而提纲揭领,自然有条不紊,支派井划,昭穆分明。每怀及此,窃兴追远之思。
>
> 查阅余家神主,自士田公以上,年久字朦,无从稽考。忆我族人恐亦类。然前车可鉴,触目伤心,不禁潸然流涕。诸兄弟皆曰:"是无谱之咎也。"余于是纂谱之念兴焉。尝思作史难,而创辑亦不易,昔昌黎大手笔,尤不敢以史职自居。非具鸿才卓识,去其拘时牵势之患,一秉于至公无私者不能也。
>
> 余是年岁屈杖乡,闲暇在家,思欲上继先人遗志,下应兄弟面议,非一人所能任也。是以邀宗叔声高、从侄起程分理其事,皆曰唯唯,急公奉命。凡事因易而创难,述易而作难。余不揣蝇头坐井之见,惟取宗祖事迹之显寔而志之,不敢胪列古来文人学士声名洋溢掇作祖宗,其在宗庙中祭之奠之拜之跪之,则曰是吾宗祖也。孔子曰:非其鬼而祭之,谄也。然天下同姓异宗固多,而同宗不同郡亦非少,徒事铺张艳目千誉为知者笑,亦奚为哉!

钟鸣云已然取得府学生员的功名,行文颇具儒者之风,有趣之处在于他再三强调"不敢胪列古来文人学士声名洋溢掇作祖宗",并且引孔子所说的"非其鬼而祭之,谄也"。这也奠定了这部族谱整体的编纂基调,即不盲从当时福建地区族谱编造、攀附名人先祖之风,而坚持自己本族的祖源。所以在其侄钟起珍撰写的《叙》中是这样追溯族源的:

> 我鼻祖志深公肇自五帝高辛氏,历代第传于兹千百年矣。虽孔子删诗断自唐虞,而敕书帝命至今如昨,明炳日月,如周殷相因。追阅府县碑志,不有明徵哉!非犹杞宋无征文献不足可同日而语也。

这里强调其祖先乃是来自高辛,虽然将其纳入到五帝的序列,但钟志深于史志无考,所以此处依据为"敕书帝命",显然是来源于畲民的祖图与券牒的记载。不过之后又含混的讲到府县碑志有所记载,但现在看到的任何一种方志中都没有明确的记载,最多是引述《汉书·南蛮传》的述异性记录而已,但也被修谱者纳入叙述成为其权威性与合法性的来源。至此可以明白地知道,钟良弼与其叔侄在编纂这部《钟氏族谱》时,所依据的主要文献是畲民祖传的祖图与券牒。同为《钟氏族谱》撰稿人的钟起程,特意以一首七言诗述其作谱之志:

> 造就家乘启后昆,分流万派总共源。
> 绵延瓜瓞光先德,攸叙彝伦固本根。
> 脉络昭然条晰缕,亲疏识别子联孙。
> 摊来券牒殚精力,莫把尊宗等闲论。

"摊来卷牒殚精力,莫把尊宗等闲论。"可谓是钟氏叔侄编纂这部族谱的实录。有趣的地方在于,钟氏族人坚持盘瓠祖源的书写,是在明知官方态度斥其为荒诞言论的氛围中进行的。在钟良弼声名大噪的进入科举考试抗争的过程中,支持钟良弼入学的巡抚李殿图留下了这样一篇谕文,为道光年间的《重纂福建通志》收录,并在这之后不断为畲民进入科举流动而引用。其中对于畲民盘瓠传说的态度是这样的:

> 读书所以明理,而必明理然后可以读书。以女妻犬,理所必无,事或有之,谁则实见其事,且审其姓氏于洪荒之世而为之记载乎?今以妻盘瓠者为高辛氏女,是则放勋稷契才子八元之姊妹,而英皇之姑母矣,有是理乎?始作俑者起于元中记,承其祧者则闵学蘉之粤述,陆次云之峒溪纤志,其滇黔闽粤之志苗夷者,无不援引之,以自夸博洽,何盘瓠之后嗣蕃衍半天下乎?至以蓬首赤足相为异类,山居野处不相往来,更为不通之论。上古之也,穴居野处,饮血茹毛,所谓衣冠文物,原经数千百年以渐而开,非远古以来即黄帝之衣冠、周公之礼乐也。至闽粤川滇等处苗猺畲民,随地易称,皆不议不知,即所谓无怀氏、葛天氏,上古之民,惟古多而今少,故觉其可异耳。方今国家天山南北地二万余里,其南路为回疆,北路为准噶尔,地即与须民无异。今北路之巴里坤改为镇西府,乌鲁木齐为迪化州,业经兴学设教,诞敷文德,则是未入版图者,无不收入版图。尔等将版图之内,曾经输粮纳税,并有入学年分确据者,以为不入版图,阻其向往之路,则又不知是何肺腑也?娼优隶卒,三世不习旧业,例尚准其宪试,何独于畲民有意排击之?甚至集四书文字,拟易卦尚书者,于污蔑古帝之外,又增悔圣言之罪。嗣后读书,须知补

天编地、奔月摘星、化石射潮、移山逐日,非夸词,即空语;须知乘市之桐轮,晋朝之易马,唐宫之点筹,皆在可信不可信之间;须知长恨歌、会真记、控鹤监秘记,作是书者皆圣贤之罪人。本部院为世道、人心、风俗起见,不惮与尔等觊缕言之。①

李殿图的谕文,当然是态度鲜明的支持钟良弼这样的畲民入学,肯定其"曾经输粮纳税,并有入学年分确据者"的合法入学身份,并驳斥阻碍畲民入学者的诽谤攻击之言。但他也很明确的指出,"今以妻盘瓠者为高辛氏女,是则放勋稷契才子八元之姊妹,而英皇之姑母矣,有是理乎",将其指为与"补天编地、奔月摘星、化石射潮、移山逐日"传说一般的夸词空语。这样的语言虽然出自李殿图一人之口,但无疑是清代儒家正统的言说。在这样的背景下来看钟氏叔侄编纂的《钟氏族谱》中对于盘瓠祖源传说的记载,颇为耐人寻味。长期接受儒家传统教育乃至取得功名,而且对于李殿图这篇谕文知之甚明、利用其作为进学依据的情况下,钟氏叔侄在家谱编纂中仍然非常坚持畲族的盘瓠祖源传说,这显然是"儒化"即"汉化"的有力反证。但如何对待盘瓠祖源传说与儒家经典与正史传统中的抵牾之处,钟氏叔侄使用的手段和汉族或其他少数民族家谱编纂者并无二致,那就是将自己的祖源叙述纳入到正史的时间序列中,所以有"我鼻祖肇自五帝高辛氏"的论述。

在钟良弼族叔、《钟氏族谱》另一撰稿人钟声高撰写的《系》中是这样将钟氏家族的历史编织到正史序列中的:

> 尝考钟氏由来久矣,鼻祖自高辛氏为给事之官,辅佐盘瓠王有大勋劳,其子志深公应盘瓠王第三女下嫁,是为郡马,封敌国侯。嗣是继起者瓜瓞蕃衍,传及西汉之钟仪,东汉钟锦绣、钟瑞春、钟甲龙、钟英、钟繇,代有名人,声藉一时,观光上国,为宗祏光。

这其中的名人姓名当然很难在正史查考,即使如钟仪、钟繇这样确有其人者,也只是在因袭姓氏书的记载而已,钟仪、钟繇在唐代的《元和姓纂》中就作为钟姓的代表被记载,但二人甚至根本不是来自同一郡望,钟仪为楚人,钟繇为颖川郡人。② 这在明清福建地区谱牒普遍性伪造名人先祖的习气氛围下,也不难理解。如此叙述的关键本来就不在于将真实的历史人物

---

① (清)陈寿祺等:《福建通志》卷一四,《国朝宦绩李殿图》,华文书局影印同治十年(1871年)重刊本,第2475页。
② (唐)林宝:《元和姓纂》卷一,嘉庆七年(1802年)金陵书局刊本,第11页。

与家族先祖一一对应,而是显示钟氏家族的历史与整个国族的历史相始终而绵延不绝。但与诸多努力向正史叙述靠拢、逐步改造自己祖先由来的他族族谱相比,畲民的族谱对于盘瓠的祖源信仰可谓相当坚持。在单桥钟氏家族之后的族谱重修中,可以看到这样的意识甚至有逐步强化的痕迹,而不是如一般的少数民族"汉化"模式所推测的那样逐渐泯灭在儒家正统论述中。

在民国四年(1915年)重修的《颍川郡钟氏族谱》中,留下了这样几首钟氏族人的修谱诗,颇能体现时人心境,引述如下:

> 徒来世系本休讹,其奈甘抛家乘何。试看汾阳人去后,祗今笑煞郭崇韬。(裔孙学旋谨志)

> 狄青何不附梁公,只为源流有未同。若使当年文献缺,恐教失却旧家风。(裔孙学晋谨志)

> 藐躬生幸太平时,谱帙未修最系思。莫学崇韬扇己祖,盘瓠以降即宗支。(裔孙鸣登谨志)

> 家乘由来贵晰详,程门旧训最堪当。本源我溯高辛氏,谱字何须羡盛唐。(裔孙起勉谨志)

这四首七言诗出自不同族人之手,却表达了相同的意思:不因富贵而攀附名人祖先。此处用了两个有趣的典故,"试看汾阳人去后,祗今笑煞郭崇韬"、"狄青何不附梁公,祗为源流有未同",引的是在族谱编纂论说中经常被提起的唐代郭崇韬和北宋狄青的故事。

"郭崇韬攀附汾阳王郭子仪为先祖"的故事,最早可看到的是宋代《资治通鉴》中的记载:

> 豆卢革、韦说尝问之曰:汾阳王本太原人徙华阴,公世家雁门,岂其枝派邪?崇韬因曰:遭乱,亡失谱牒,尝闻先人言,上距汾阳四世耳。革曰,然则固从祖也。崇韬由是以膏粱自处,多甄别流品,引拔浮华,鄙弃勋旧。有求官者,崇韬曰:深知公功能,然门地寒素,不敢相用,恐为名流所嗤。由是嬖幸疾之于内,勋旧怨之于外。①

狄青不妄认狄仁杰为祖的故事则出自北宋沈括的《梦溪笔谈》:

> 狄青为枢密使,有狄梁公之后,持梁公画像及告身十余通诣青,献

---

① (宋)司马光:《资治通鉴》卷二百七十三,《后唐纪二》,北京:中华书局,1956年,第8915页。

之,以谓青之远祖。青谢之,曰,一时遭际,安敢自比梁公,厚有所赠而还之。比之郭崇韬哭子仪之墓,青所得多矣。①

自沈括将狄青不妄附狄仁杰之事与郭崇韬冒认郭子仪为祖相对比,这两个故事几乎就成为后人论氏族、族谱时一定会提到的典型。宋代潘自牧的《记纂渊海》②和谢维新的《事类备要》、③祝穆的《事文类聚》④都转载了这两则故事,可见这种论说在宋代已然是脍炙人口。及至元明清更为发扬光大,并为修谱者广为引用。明代程敏政《新安文献志》中收录元代程龙《书婺源龙陂程氏谱》在叙及程氏家族"其子孙众多,已难数计然,而或以仕宦,或以流移,彼出此入,此出彼入,互不可考"时也慨叹:"郭崇韬拜汾阳之墓,狄武襄谢梁公之谱,是非贤否,有后世公议。在各房子孙,欲沿流究源者,亦推证而传信可也。"⑤言语之间颇多无奈,意即无力阻止族人向上溯源,但总要警醒郭崇韬和狄青的例子后世自有公论,不可一意攀附。

尽管在谱论中一再地将郭崇韬和狄青的例子传述,意在劝诫族谱编纂者们不要一味攀附名贵,但这种论述至清仍然传颂的原因,正是因为民间编纂族谱之时攀附名人先祖的风气愈演愈烈、从未停止过。迨至清代,赵翼在《陔余丛考》中专辟《认族》一节,辑录史传中的类似典故来讨论这样的社会现象:

> 世俗好与同姓人认族,不问宗派,辄相附合,此习自古已然。李唐自以为出老子后,追尊老子为玄元皇帝,并以《史记·老子传》,升于列传之首。郭崇韬以汾阳王为远祖,西征日,路过河中,祭汾阳墓,哭甚哀。南唐主李升以唐吴王孙祎有功,祎子岘为相,遂以吴王为祖,自岘以下五世名皆有司所撰,此攀附明德,以为光宠者也。然狄武襄官枢密使,有以狄梁公画像及诰敕来献者,武襄曰,一时遭际,安敢远附梁公

---

① (宋)沈括:《梦溪笔谈》卷九,清文渊阁四库全书影明本,北京:商务印书馆,1986年,第13b页。

② (宋)潘自牧:《记纂渊海》卷四十九,清文渊阁四库全书本,北京:商务印书馆,1986年,第51b~52a页。

③ (宋)谢维新:《事类备要》续集,卷二,《氏族门》,清文渊阁四库全书本,北京:商务印书馆,1986年,第2a页。

④ (宋)祝穆:《事文类聚》后集,卷一,《人伦部》,清文渊阁四库全书本,北京:商务印书馆,1986年,第5b~6a页。

⑤ (明)程敏政:《新安文献志》卷二十四,《题跋》,合肥:黄山书社,2004年,第518页。

耶？其见卓矣。又有本非同姓，而强为联宗者。《北史·唐瑾传》：周文赐瑾姓宇文氏。燕公于谨白周文言：瑾学行兼修，愿与之同姓，结为兄弟，庶子孙承其余论，有益义方，周文乃更赐瑾姓纽于氏，谨遂深相结纳，敦长幼之序，此则非同姓而认族，实为千古所未有。然于谨以其家法而欲师之，非后世依光附势者之为也。《晋书·石苞传》，曾孙朴，没于寇，石勒以朴与己同姓，且俱河北人，引为宗室，位至司徒。《南史·侯瑱传》，侯景以瑱同姓，托为宗族，待之甚厚。宋人小说：罗绍威为节度使，以罗隐名士，拜之为叔，赠遗甚厚。《宋史》：蔡京于蔡襄虽同郡而晚出，京欲附襄，自谓襄族弟，此犹第以门望相附，不专为势利起见。杜正伦与城南诸杜昭穆素远，求同谱不许，诸杜所居号杜固，世传其地有壮气，故世衣冠正伦，乃请凿杜固通水以利人，此欲附门望不得而反至相害者。《晋书》：孙旗子弼及弟子髦、辅、琰四人与孙秀合族。《南史》：周弘正与周石珍合族，石珍建康之厮役也，为梁制局监，遂附之。《旧唐书》：李义府既贵，自言本出自赵郡，始与诸李序昭穆，而无赖之徒藉其权势拜为兄叔者甚众。《李辅国传》：宰相李揆，山东甲族，见辅国执弟子礼，谓之五父。《宋史》：史正志与史浩异族，拜浩而父事之，王十朋劾其好，此则专以权势夤缘攀附者矣。又其甚者，《宋史》蔡蕴尊蔡京为叔父，京命其子攸修等出见。蕴遽曰，大误，公乃叔祖，公子乃诸父行也，遽列拜之。又《温公琐语》：张洎为举人，时张似已通显，洎每求见，称侄孙。既及第，称侄。及秉政，则并以庶僚遇似矣。此更势利之最可笑者也。①

赵翼在此处举了十七个例子，其中只有狄青一例是不妄攀附者，足证其所言"世俗好与同姓人认族，不问宗派，辄相附合，此习自古已然。"但赵翼对这种不问宗派而同姓"认族"的态度并不是全然否定的，在他看来，如果不是"依光附势"，而是如唐瑾故事中的燕公于谨一般，因慕"其家法而欲师之"，那当然可以分别论之，即使是非同姓认族也可以理解。则知赵翼所鄙弃者只是认族行为中的攀附权势而已，认族行为是"自古有之"的世俗，暗含宽容之态度。

---

① （清）赵翼：《陔余丛考》卷三十一，《认族》，清乾隆五十五年（1790年）湛贻堂刻本，北京：商务印书馆，1957年，第645～646页。另参见《陔余丛考》，石家庄：河北人民出版社，2007年点校本，第606～607页。

但我们现在所看到的福鼎钟良弼家族要面临的压力却并非这么简单，因为在有祖图为依据的情境中，他们要面对的是如何解释自己的历史文本与熟读的儒家经典及正史中的抵牾之处，那此时坚持自己本族群的历史文本就具有相当清晰的族群意识了。所以在咸丰年间，钟氏家族科举的巅峰人物钟熙所作的《纂修宗谱序》中，虽然是在儒家学统的论述基调下，却愈加强调了本族的盘瓠祖源的认知：

> 盖闻家之有乘即国之有史，史纪一代之盛衰得失，乘载通族之脉络分明。自轩辕赐姓，人知有祖，尧祢睦族而平章百姓，舜美克谐而风动四方。集瓜瓞之绵绵，而无以联其情，固薄以视本支。萃公姓之振振，而无以肃其分，亦适以乱等杀。故先王同姓子孙，必序之以长幼，别之以尊卑……粤稽钟氏出自高辛之朝，盘瓠王宫女招志深公为附马，封敌国候勇候，肇启广东凤凰山，建立都府，在朝袭职。嗣是子孙蕃衍，历至明初千百余年。始祖良贤公迁徙浙江平邑三十五都状元内金錾村，生子五人，连枝结实，百子千孙，分居四处，天各一方，若无谱以记之，岂不视手足如路人乎。道光十九年，余全叔祖声高业经造谱，不过创始而已，未云尽善也。本辛酉春，堂弟起庄、堂兄起芳等议及辑修，有志光前，汇集丁甲，邀请埔坪蔡扬昶先生印刷成编，余深嘉之。俾后之览者，诚渊源之有自，绵支派于无疆，亦足以笃亲亲起孝敬之思也夫。是为序。

钟氏叔侄在初修《单桥颍川钟氏族谱》时，强调的不仅是不因富贵而攀附名人先祖，而且一再提及撰修所本是祖图和券牒，可以看出其家族建构的核心力量还是对于盘瓠祖先信仰的坚持。

二、王聘三、王作梅父子与福鼎《汝南蓝氏宗谱》

由汉人担任修撰的畲族族谱是否能够体现畲族自己的家国意识，王聘三、王作梅父子主撰的福鼎《汝南蓝氏宗谱》为探讨这个问题提供了很好的例证。现在能看到的王聘三、王作梅父子为主撰人的福鼎地区的蓝氏族谱有两种，一种为同治八年（1869年）为福鼎浮柳洋蓝氏所作《汝南蓝氏宗谱》，另一种为王聘三于同治九年（1870年）首修、其子王作梅于光绪三十一年(1905年)完成修撰的福鼎华洋《汝南蓝氏宗谱》。① 这两种族谱几乎首修于同一时期,且都有浙江平阳《冯翎郡雷氏宗谱》中雷云的好友吴一峰所作的序言。这两部族谱不仅和浙江平阳雷云家族的《冯翎郡雷氏宗谱》体例相似,且都收入了和雷氏宗谱一样的《广东盘瓠氏铭志》、《广东盘护王祠志》、《广东重建祠序》、《释明畲字义》这样的具有鲜明畲族族群意识的文本内容。可以看出福鼎地区畲族族谱的修撰,受到浙江平阳地区畲族的影响。同治八年浮柳洋《汝南蓝氏宗谱》和同治九年首修的华洋《汝南蓝氏宗谱》均由王聘三主撰,由署名"侄华叶、华曾"者"梓辑",这说明尽管现在能看到的同治八年浮柳洋《汝南蓝氏宗谱》为抄本,但其初始形态应该已经是刻本了。

浮柳洋《汝南蓝氏宗谱》的倡首者为第九世孙景旦、景昌,协理者为九世孙景波、景銮、十世孙承杰。据吴一峰于同治八年所作《蓝氏族谱序》,浮柳洋蓝氏家族"大明间由广东潮州而来,迄今十有三世矣。自始祖意清公初移福州府侯官县四十都平址坑地方,服畴食力",后子孙分迁福安、福鼎以及浙江的温州平阳、瑞安、龙游、青田等地。由于分迁地诸多,"意清公以一人血脉,而占藉数郡。如木之分枝,其根深者,其蒂固。如水之分派,其源远者,其流长。"在此情形下,"苟无谱以纪之,则数百年之昭穆,十余世之里居,浑然莫考。势必各祖其祖,各宗其宗。骨肉也,而行路视之。"所以蓝氏家族忧虑于"吾宗之谱于今未立,恐久而遂失。"遂于同治八年延请王聘三来修撰本族族谱。

据王聘三为浮柳洋蓝氏家族所作的彰显族内贤达的传记,可以揣知一些在修谱之时蓝氏家族在当地发展的情状。《有进公传》中所记蓝有进,少时失怙,"零丁孤苦,家室罄空,求其庐舍备风雨桑麻足衣食者,查不可得。厥后渐臻长成,服畴食力,勤俭可风。年二十八立家室,创门楣,积贮之裕,比于素封"。王聘三记蓝有进"八品冠服荣身",但没有言其被赐八品冠服的由来,因为并未记载其入试科举或有军功的记载,只言其源于务农而至"积贮之裕,比于素封",那么也许可以推测蓝有进获得封赐的原因是以粮食接济乡民而得。据清代《兵部处分则例》的记载,因清代福建一直处于粮食短缺的情况,所以有"内地商民领照赴暹罗等国运米回闽接济民食,数在一千

---

① 王聘三:浮柳洋《汝南蓝氏宗谱》,同治八年(1869年)抄本;王作梅:福鼎华洋《汝南蓝氏宗谱》,光绪三十一年(1905年)刻本。

五百石以上至二千石者,准给予九品顶戴,二千石以上至四千石者准给予八品顶戴"①的规定。蓝有进很有可能是通过类似这样的方式获得了八品顶戴的赏赐。在蓝有进之后,蓝氏家族又有蓝振攀同样得到七品顶服的荣誉,蓝振攀在世时,"遇事敢为人排难解纷,乡党推为领袖"。与蓝振攀同辈的,还有蓝振宝,"少从塾师,颇知大义",可知蓝氏家族在家境殷实,颇有余力,足以让族人进入私塾读书以求仕进。但蓝振宝并未取得功名,而是将兴趣转移到了堪舆之术,"于星历地理书既明,遐迩竞延之,爰以堪舆尅择名于时。"根据蓝振宝传下王聘三的署名"眷侄",可以推知王聘三很可能与蓝振宝有姑侄关系,则蓝氏家族会延请王聘三来修撰族谱也是情理中事了。

到了蓝氏家族的"景"字辈族人,也即是主持修谱的这一代人,有蓝景兆在咸丰年间"恭逢圣诏,恩赉冠服荣身",虽然没有更多的解释,但根据"古者有养老乞言之典,尚而尊贤。今制恩例普锡,亦惟齿德为乡推重者当之,匪其人不滥及,蓝公应诏无忝矣"的记叙,可知蓝景兆很可能是因为耆老的身份得到这样的恩荣。"景"字辈族人中,还有蓝景銮"或服力,或行商,燮理咸宜,家计遂蒸蒸日上,生平作坟墓,置田产,刱门楣,嫁女婚男,人事毕尽",可知蓝氏族人在这一时期在务农的同时亦有行商,所以才可以增置田产,使"家计遂蒸蒸日上"。

在蓝氏族人的事迹中,颇为特殊的一位是蓝承祖,"当咸丰辛酉,金钱猖獗,人心汹汹。兄乃团壮丁,联里甲,一乡保固,鸡犬无惊。秦统帅歼除会匪,论功进赏,特加六品军功。论君之齿,未臻强壮之年者,考君之业,已倾中外之重也。"这里所提及的"金钱猖獗",是指咸丰八年(1858年)成立于浙江平阳并迅速波及浙南闽东大部分区域的金钱会。②

据第一历史档案馆所藏咸丰十一年(1861年)九月六日《闽浙总督庆端

---

① (清)长麟等:《兵部续纂处分则例》卷十二,《关禁》,《贩运粮米议叙》,清道光刻本,第20页。

② 金钱会因其在后期与太平军声气相闻,被视作太平天国在闽东浙南区域的活动,因而受到研究者的大量关注。有关金钱会的研究,参见宋炎,《太平天国革命时期浙南的金钱会起义》,《浙江师院学报》,1952年第1期;马训中、马允伦,《浙南金钱起义》,浙江人民出版社,1957年;徐和雍,《太平天国时期浙南金钱会起义》,《杭州大学学报》1978年第9期;周梦江,《金钱会的性质及其与太平天国的关系》,《杭州师范学院学报》,1979年第1期;马允伦,《太平天国时期浙南金钱会起义》,《浙江学刊》1985年第3期;周育民,《太平天国时期秘密会党研究的几个问题》,《历史教学》,1988年10月;中国第一历史档案馆,《咸丰十一年浙江金钱会案》,《历史档案》,1993年第3期。

为平阳等金钱会众攻占温州等处并将疏官员革职事奏折》:"兹叠接温州、福宁文武先后禀报,前仓等处因咸丰八年间处郡失守,逼近逆氛,该处乡民办理团练,铸有义记大钱,每人分给一枚,遇警应援,以为信守。讵有不逞之徒,冀图藉此渔利,倡立金钱等会名目",可知金钱会本身即是起于地方团练,具有半官方背景,所以早期清政府对是否将其视作叛党剿灭态度摇摆不定。

至咸丰十一年(1861年),也即《承祖公传》中提到的咸丰辛酉(1861年)金钱会连续攻占了平阳、福鼎县城,清政府才大量抽调兵力来应对金钱会。据咸丰十一年(1861年)十一月二十五日《闽浙总督庆端等为金钱会攻占福鼎县城已添兵勒防并参失事各员奏折》:"前陕安镇总兵秦如虎奉令统率楚泉水提金门兵勇夹攻处州,兹饬该总兵挑带金门兵并将游击谢暇辰等各军均归统带,驰赴福宁,会商曾宪德相机攻剿,恢复福鼎县城。"可知《承祖公传》中提及的"秦统帅"应是奉命来剿灭金钱会的前陕安镇总兵秦如虎。

而据同治元年(1862年)二月初八日《闽浙总督庆端为报平阳金钱会众已被荡平事奏折》载"所有剿办平阳逆匪出力之员并兵勇绅董人等,容候查明恳恩奖叙",则蓝承祖也应是在此契机下,因其"团壮丁,联里甲"应对金钱会在福鼎地区造成的混乱情状,而"论功进赏,特加六品军功"。蓝氏家族的兴盛和前几代人业农、业商积累财富有关,而真正能奠定蓝氏家族在当地声望而迅速崛起的,大概还是和蓝承祖在剿灭金钱会之乱中获得的军功有很大关系。这也为窥探清末畲民家族的社会上行流动渠道,指出了除科举之外的另一种路径。

福鼎华洋的《汝南郡蓝氏宗谱》虽然于光绪三十一年(1905年)才由王聘三的儿子王作梅完成最后的编撰付诸枣梨,但其修撰却是在同治九年(1870年)由其父王聘三开始的。据王作梅《重修蓝氏谱序》,蓝氏家族于同治九年"延余先严辑修,惜谱未卒业而亡"。尽管这一版的族谱未经付印,根据光绪三十一年(1905年)版本的族谱中所收录的多篇同治年谱序,当时的族谱也已经初具规模。光绪版的族谱中也特意收入了同治庚午年(1870年)的修谱名次,计有编订者王聘三、董事者为蓝氏家族十二世孙蓝明彩、蓝明芝、蓝明延,汇稿者是蓝氏族人十三世孙蓝联辉,协理者则有十二世孙蓝明勤、蓝明举、蓝紫云,十三世孙蓝茂梓、蓝茂基。而光绪版族谱的修辑者则为邑廪膳生王作梅,由蓝景生总理,协理者为蓝氏家族的茂益、茂兴、景曙、茂拱、景琴、景鳌,具体的汇稿者亦是蓝氏家族的明祚、明邹、明敦、茂番、茂茞、茂薛、茂亭、茂双、茂堂、茂臣、曲景、玉玺、景群、景爵、联喜。由这其中的排行推断,第十三世为茂字辈、十四世为景字辈,则这部族谱的修撰历时三十余年,在华洋蓝氏族人三代的努力下才终于完成。虽然福鼎华洋蓝氏家族的族谱主撰是王氏父子,但修谱前后都是由畲族蓝氏族众推动,不可能因其由汉人修撰便无法体现畲族本身的意志。

据王聘三同治九年(1870年)的《辑蓝氏谱序》的自述,王聘三"生平好游,而游力常苦不足。数年来,远近有以谱事请者,辄欣然应之。盖将藉览山川之形胜,问风俗之休淳,穷人情之变幻,通世故于文章也"。可知王聘三在当地时常为各家族延请修谱,名气颇盛,所以即使家族修谱的文字部分可以由本族族人自行汇稿,依然需要有王聘三这样专业的修谱者来主持族谱的总纂。同治九年,华洋蓝氏家族的族董蓝明彩遣族人来延请王聘三至乡修谱。而王聘三也同样邀请吴一峰为华洋蓝氏家族作序,吴一峰在序文中简要回顾了蓝氏家族得姓于盘瓠的祖先传说:

> 从来有非常之生者,乃有非常之遇者也,乃有非常之功,吾于蓝氏先世见之矣。蓝氏先世,非即高辛氏所封之盘瓠王乎。本星精以降世非常之生也,得帝女以为婚,非常之遇也。因灭燕以策勋,非常之功也。当其时,命届会稽山七贤洞,生三子一女。长赐姓盘,次赐姓蓝,三赐姓雷,女赘婿钟,而敕封骑国候之光辉公,即蓝氏开基之鼻祖。蓝自得姓以来,迄今四千年余载。

但对于华洋蓝氏自广东迁来闽东之详细历程则叙述略简,"独鼎邑华洋一派,由来何自转移何方,尚未编立",所以蓝氏族人认为修谱是为当务之急。

谱中还录有当时"会族于鼎邑之华洋"的光绪癸卯年科举人雷铭勋[①]所作《蓝氏谱序》云:

> 余籍罗源,迁徙福州城内,遂寄籍于侯官焉。庚子岁,游泮水,癸卯科登贤书,阅历数省,偏游十余县。蓝雷两姓,最昌盛者惟广东、福建耳。广东之多者,在香山;福建之多者,在罗邑。其余散处于各县中者,不可胜数。问其有修谱事者乎,众曰:有也。余历观之,皆未臻美备矣。惟福宁霞浦、福鼎两邑,族人增修刊订,谱牒可观。余独心然慕之。盖

---

① 欧阳英:《闽侯县志》卷四十三,《选举》,"光绪二十九年(1903年),侯官,雷铭勋",民国二十二年(1933年)刊本,第20a页。

立谱者多家,每不克衷于一是。今华洋蓝氏之谱独能循苏明允先生以参订之,尤为余之所惬志焉耳,是为序。

以雷氏会族于华洋,可知雷铭勋亦为畲族,当为从罗源迁入侯官的雷氏一族。因为其已有功名,所以得以遍历闽粤十余县,并发觉蓝雷二姓在闽粤的分布情况为"广东之多者,在香山;福建之多者,在罗邑。其余散处于各县中者,不可胜数。"

这是由畲民自己所观察而得的情形,其中的蓝雷二姓,当特指畲民的蓝雷二姓。而就雷铭勋所见闽粤各地蓝雷族人修纂族谱的情况众多,但在其看来都不甚完备,"惟福宁霞浦、福鼎两邑,族人增修刊订,谱牒可观"。可见在清末整个闽粤的畲民家族中,闽东福鼎地区的畲民修谱行为最为完备。

而为雷铭勋如此称道的华洋《汝南郡蓝氏族谱》的编纂过程,由其初修董事蓝明彩、蓝明芝的修谱《序》来看,也主要是蓝氏家族本族人完成的:

> 今族中叔侄既有敦宗收族之心,余复何辞。因命族弟明勤、明举,采录生甲,登诸稿簿。延王先生鉴,效欧(阳修)苏(洵)之法,一纵一横,各相表里,详略互陈,务归诚信,计印总部,十八支部,二十各派,分藏以防日后遗失。谱成,谨详始末原由,以便后人稽考。

既然该族谱的主要撰写者和组织者都是蓝氏家族本族中人,而王聘三本人亦与前文提及的浮柳洋蓝氏畲民有姑侄之亲,这部族谱中所浸润的精神内涵,应当可以看作是清末畲民族群意识的完整体现。和《福鼎丹桥颍川郡钟氏宗谱》一样,华洋蓝氏家族的族谱修撰,也处处可以看到强调盘瓠祖源、不随意依附强梁权贵的鲜明意识。

在同治九年(1870年)蓝璧山、蓝联辉所作谱《序》中强调"稽我蓝氏出自高辛之朝,封我祖为盘瓠护国王。第三公主招为驸马,生三男一女"这样的得姓来源。而协理族人蓝茂兴的《序》中则更明确地指出,虽然由粤东起家至闽省发枝,"独吾宗一派,向无谱牒",但"盖作谱之法,贵切实,不贵浮夸。设或援名家,附大族,如士匄滥称已祖,崇韬妄拜他人,改柯易叶,徒自诬已。昔苏眉山作家乘以迁蜀之祖为始祖,讵不知数典记祖之讥,良以远而无稽究,不若近而有凭者之为质实也。"身为总理的蓝景生在自己的《序》中更是再三强调,"族谱者,为其能昭族氏也。慕贵显而忘故吾者,谄也;甘附于人者,无志者也。忍以虚诞而诬其祖宗者,不仁之甚也。"

华洋蓝氏族人为何在修谱之时表达了如此强烈的"我族"意识,与其身处之时地情境最有关系,还要在其家族当时的发展景况中寻找答案。王作梅为光绪年修谱的协理人蓝茂兴所作传中,称其"少读书,笃志勤,求学与年俱进,生平所从师如贡生吴公一峰、廪生敖公承芳,皆博学矩儒。学有渊源,故作文则清新雅正,赋诗则风雅宜人。列胶庠,登簧宫,可拭目期也。"但"后迫于衣食,假馆四方,因阻于应试,当时老师宿儒咸为叹惜"。可知华洋蓝氏家族得以邀得吴一峰作序,除了王聘三父子的关系外,更大的原因可能是因为蓝茂兴与吴一峰有着师生之谊。虽然蓝茂兴因迫于生计压力而放弃了举业,但其能够以塾师为业,可见其有相当的儒学造诣,所以才能"在今岁倡修谱牒,调和众议"。

再看其他留名于谱的蓝氏族人,则多有家底丰厚者。如蓝茂益,其父蓝明华即已经以商贾为业,其家商贸"凡货殖来往,簿账出入",都由蓝茂益负责,在父子的共同努力下,"由是积锱累寸家计,遂蒸蒸日上。间乃建大厦,广腴田",积累了相当丰厚的家业。又如蓝茂基、蓝景庄父子,同样"建大厦,置腴田",及修谱之时,蓝茂基"公之遗赀以千计",而蓝景庄"翁之积赀以万计"。在家业兴盛的情况下,蓝氏族人逐渐进入了地方的公益事业,"凡乡邑诸善举,如建桥亭、修道路、创神宇,辄慷慨倾囊"。这也是蓝氏家族能够在华洋地方兴盛的重要原因。

结　论

从上文对《福鼎丹桥颍川郡钟氏宗谱》和福鼎浮柳洋《汝南蓝氏宗谱》、华洋《汝南蓝氏宗谱》的创修过程的分析,我们可以对清代至民国初年福鼎地区的畲族族谱有一个较为深入的认识:

首先,从修撰者主体的角度来看,福鼎畲族族谱主要是由畲族家族中受到良好的儒学教育的族众组织修撰的。即使延请专业的汉族谱师参与,族谱的大部分撰修工作还是由畲族族众完成的,是畲族"我族"意志的体现。

其次,尽管修撰族谱的畲族士人受到了儒学教育,但并未被"汉化",反而积极利用其儒学知识来彰显畲族的民族特色。《福鼎丹桥颍川郡钟氏宗谱》的编纂者以"狄青何不附梁公"的典故作为坚持本民族族源传说的依据,以编纂族谱的实践对抗官方斥其为荒诞不经的论述。儒学的知识训练成为畲族"我族"意识增强的工具。畲族的"儒化"不等于"汉化"。

第三,"家国同构"的儒家国族伦理,使得畲族士人可以借由编纂族谱、进行家族建设,如钟鸣云所说的"家之有乘,犹国之有史","由家及国",为其作为中华民族一分子提供合理性和合法性。正如孙中山所提出的"中国国民和国家结构的关系,先有家族,再推到宗族,再然后才是国族,这种组织一级一级地放大,有条不紊,大小结构的关系当中是很实在的"。清末民初福鼎地区畲族族谱的编撰,是在中国"民族国家"意识高涨时期,畲族积极参与中国国族构建的体现。正如福鼎枇杷坑钟氏家族撰修于民国四年(1915年)的《颍川郡钟氏族谱》中所说的:"切以世界共和,五大洲咸遵一体,君民平等,四百兆合为同胞。顾欲图强国之谋,合群最要,而欲效保家之策,修谱为先。"①

参考文献

[1](明)程敏政:《新安文献志》,合肥:黄山书社,2004年。
[2](清)赵翼:《陔余丛考》,清乾隆五十五年(1790年)湛贻堂刻本,北京:商务印书馆,1957年。
[3]同治《福建通志》,清同治十年(1871年)重刊本,台北:华文书局股份有限公司,1968年。
[4]蓝运全、缪品枚编:《闽东畲族志》,北京:民族出版社,2000年。
[5]蓝炯熹:《畲民家族文化》,福州:福建人民出版社,2002年。
[6]缪品枚:《闽东畲族文化全书·谱牒祠堂卷》,北京:民族出版社,2009年。
[7]《汝南蓝氏宗谱》,同治八年(1869年)抄本。
[8]《汝南蓝氏宗谱》,光绪三十一年(1905年)刻本。
[9]《颍川郡钟氏宗谱》,清道光十九年(1839年)手写本。

---

① 雷起余等:福鼎枇杷坑《颍川郡钟氏族谱》,民国四年(1915年)刻本。

马仙叙事的多元嬗变

福建师范大学文学院　游　澜

前　言

　　马仙信仰盛行于浙南的丽水、温州、衢州,闽东的福鼎、柘荣、福安等地,古属闽越族群的聚居地。闽越古地因其特殊的地理、历史、民族环境,始终与汉族中央王朝权力和文化中心保持着相对疏远的距离。闽越地区虽然一直葆有其独特的文化形态,诸如好巫尚鬼、炼药制蛊、动物崇拜等,但是,闽越族群与汉民族各种形式的交往从秦代以降就未曾停止。战争、置郡、规模不等的人口迁移,中原文化势力在不断渗入闽越地域的过程中,使闽越各部发生了程度不等的"儒化"与"汉化"。同时,在闽的汉族文明也因吸纳了当地土著文化因素,而发生了"闽越化"。闽越地区因而呈现出一种多元并存的文化形态。

　　闽越文化与中原文化的多元并存关系,在闽地长盛不衰的民间造神运动中不断得到象征性的表现,其中尤以神话传说与宗教科仪为甚。神话传说口耳相传的"民间性",使其本事①得以在传播过程中不断发生地域性和历史性的嬗变。相比史传文学而言,它缺少稳定性和可信度,与庙堂文学相较,它缺少遣词造句上的文饰,然而,正是这些特点,使得传说故事在揭示民

---

① 本事指的是文学作品所依据的故事情节与原委。

间文化心理及其伦理形态上更具原生性和真实性。

一、马仙叙事文本的文化内涵

众说纷纭的马仙叙事就属此类。流行于浙南、闽东的马仙信仰,在其创造与迁移的过程中留下大量叙事文本。口头传说、笔记志怪、方志族谱,有关马仙传说的资料可谓来源复杂,而其中潜藏的多元文化因子,则是我们理解闽越地域独特文化形态的关键。

马仙叙事最早的文字版本可追溯至唐肃宗上元年间(760—761)李阳冰所作《护国夫人庙碑记》。作碑起因为唐肃宗上元年间括苍大旱,马仙显灵降雨一事。鸬鹚二老向郡守讲述了马仙的生平。郡守司马公嘱李阳冰记之。依据李阳冰《护国夫人庙碑记》中:"(鸬鹚二老)儿时闻诸故老"这一细节,可以推测,马仙出生时间至少在唐玄宗开元(713—741)以前,甚至更早。在《护国夫人庙碑记》之前,或许存在更早的马仙叙事的口头版本,但史料已不可考。在此文中,我们以李阳冰《护国夫人庙碑记》作为马仙叙事的本事,现录文于下:

> 仙家贫,事姑行工,辟纑机杼事以养。家距鹤溪百有余里,晨往夕返,至食以羹与姑,如出釜甑然。水潦泛滥,船断桨摧,辄倒持其伞以自载,望自若隐隐云雾间,人莫有知者。后莫知其所往。忽里人见之井所,自言名在仙籍,邻邦合为我祠,我其福汝。由是里人共立祠以祭之,故时无疾疠,所种以稔。则地稍辟,日有自他乡至者,采于山获栋梁之材,钓于水美鲜鳞之食。含哺鼓腹,不知帝力之有在矣。于时乡人为戍卒者,事仙益谨,遂立边功得美官,以阴府助国疏神善,以告诸当路者,请闻于朝,乃赐命护国夫人,并其纶诰以进之。①

在包括《护国夫人庙碑记》在内的诸多马仙叙事中,我们至少可以抽象出以下几个叙事单元:成仙前的品行异能,成仙因缘,成仙后的灵验感应,以及得道仙名。这几个叙事单元之间的关系,在不同版本的马仙叙事中有不同的体现,某个叙事单元在嬗变中可能会获得刻意地突出和强调,而某些叙

---

① (清)周杰等:《景宁县志》卷四,《秩祀群祀》,同治十一年(1872年)版。

事单元之间也将建立起富有意味的因果关系,这正是我们探究其文化内涵的关键。下面列出流行于闽东、浙南地域的最具代表性的马仙叙事,以撰写/编纂时间为顺序。

表1 马仙叙事文本内涵表

作者、篇名及传说形成年代	马仙出生时间与地点	成仙前的品行异能	成仙因缘	成仙后的灵验感应	得道仙名
1.唐上元年间,李阳冰撰写《护国夫人庙碑记》①	唐玄宗开元以前;括苍下邑鸬鹚（今浙江省丽水市景宁县鸬鹚乡）	家贫事姑,纺织以养,百里余间,晨夕往返,至食与姑,如出釜甑;仰伞自渡。	自言名在仙籍	祛疫疠;农业、渔猎保护神;助立边功;祈雨立验	护国夫人
2.南宋杨谆作《马冠山》诗②	未记载;福建省福鼎市点头镇马冠山	未记载	炼丹（闽书载马仙炼丹于马冠山,后仙去）	未记载	马仙
3.元代至正二年柘荣县地方传说③	北宋;秀州和亭白马山（今浙江省嘉兴市）	未记载	未记载	祈雨立应,抗倭保民	马仙
4.明嘉靖年间福鼎市佳阳畲族乡罗唇村地方传说④	明末;福建省福鼎市佳阳畲族乡罗唇镇	马氏三姐妹化作三座大山阻挡倭寇进犯	抗击倭寇,英勇牺牲,得道升仙	抗倭护国	马氏真仙
5.明万历元年《新刻出像增补搜神记大全》⑤	唐肃宗以前;衢州府（今浙江省衢州市）	家贫养姑孝,艰险备尝,略无倦息	异人感其孝养,授之仙术	水旱疾疠,凡祷多应	马大仙
6.清康熙年间贡生潘可藻撰写《马孝仙传》⑥	后唐;秀州华亭县白马山（今浙江省嘉兴市）	矢志不嫁,事母尤谨;去家百里,顷刻复回,至食与姑,如出釜甑;仰伞自渡;飞升于百丈山巅	有异骨当登仙道,异人授仙法仙丹	未记载	马孝仙;马七娘
7.清康熙年间贡生魏憕撰写《马仙志》⑦	北宋;秀州和亭白马山（今浙江省嘉兴市）	未记载	因拯刘大斌子渡涨,羽化而登之	解江淮、柘荣大旱;救京师蝗灾;神兵却寇	马真人

续表

作者、篇名及传说形成年代	马仙出生时间与地点	成仙前的品行异能	成仙因缘	成仙后的灵验感应	得道仙名
8.乾隆二十七年李拔编《福宁府志·人物志·马真人》⑧	唐僖宗年间；福宁温麻里（今福建省宁德市霞浦县古县村）	未记载	入昆田山炼丹仙去，庙冠在山，今丹井、臼尚存。	未记载	马真人

注：①（清）周杰等：《景宁县志》卷四，《秩祀群祀》，同治十一年（1872年）版。
②（清）谭抡等：《福鼎县志》卷八，《艺文》，嘉庆十一年（1806年）刊本。
③罗汝泽等：《霞浦县志》卷二十四，《祠祀志》，民国十八年（1929年）版。
④叶梅生、张先清主编：《太姥文化：文明进程与乡土记忆（下）》，北京：商务印书馆，2016年，第674页。
⑤《新刻出像增补搜神记大全》卷六，明金陵唐氏富春堂版，王秋桂、李丰楙主编：《中国民间信仰资料汇编·第一辑·第四册》，台北：学生书局，1989年，第366页。
⑥（清）潘绍治等：《处州府志》卷二十九，《文编》，光绪三年（1877年）版。
⑦罗汝泽等：《霞浦县志》卷二十四，《祠祀志》，民国十八年（1929年）版。
⑧（清）李拔等：《福宁府志》卷三十二，《人物志》，乾隆二十七年（1762年）版。

上表所列诸种马仙叙事与李阳冰所撰《护国夫人庙碑记》中的马仙本事相比，各有衍生和变化。

明万历元年（1573年）《新刻出像增补搜神记大全》、清代潘可藻《马孝仙传》中的马仙故事在描述马仙成仙前的品行异能以及成仙因缘时与李阳冰《护国夫人庙碑记》马仙本事有明显差异。

《护国夫人庙碑记》本事中，马仙的得道成仙与成仙前"养姑尤谨"的孝行并没有明显的因果联系。马仙得道前"仰伞自渡"等异能是其"名在仙籍"的表现，而马仙获敕"护国夫人"，其功勋在于"阴府助国"，助力将士斩获边功，而非孝行。然而，在明万历元年（1573年）《新刻出像增补搜神记大全》中，马仙成仙前的异能被删减，独留"家贫养姑孝……艰险备尝，略无倦息"①的孝行描述。同时，编书者在"孝行"与成仙因缘之间建立了直接的因

---

① 《新刻出像增补搜神记大全》卷六，明金陵唐氏富春堂版，王秋桂、李丰楙主编：《中国民间信仰资料汇编·第一辑·第四册》，台北：学生书局，1989年，第366页。

果关系:"异人感其孝养,授之仙术"①;其后,又增加了马仙修仙后的孝养表现,并用"以仙术代菽水养姑,不劳余力"②的能力提升,来对比修仙前马仙"佣身以资薪米,恒苦不给"③的窘境。如此,李阳冰《护国夫人庙碑记》本事中的叙事丰富性被大大缩减,而其"家贫事姑"的叙事因素则在明万历元年(1573年)版的马仙叙事中被刻意放大。"孝行"成为这版马仙叙事中唯一的伦理价值。

二、孝行的道德神

无论是成仙前的"孝养"与成仙机缘之间的因果关系,还是马仙修仙前后的境遇对比,似乎都在为"孝行"可能带来的益处加码,也是对这种利他主义行为的劝导——以道教仙话叙事模式来暗示"孝行"可能带来的精神与物质上的报偿。

明万历元年(1573年)版马仙叙事是作为增补篇目出现在《搜神记大全》中的。我们可以从它对马仙本事的改编中,看出明末清初特有的"孝道"叙事的影响。这类"孝道"叙事通常以中原儒家文化的"孝"为价值核心,并结合道教的神仙观念,为"孝行"加魅。明万历元年(1573年)版马仙故事就将道教"异人"拉入了儒家伦理价值的体系内,使其感动于马仙的孝养德行,授予马仙道教的异能仙术。

"孝道"叙事在明末清初颇为普遍。市民社会的兴起,儒家理学的式微,使得"孝道"不得不转向世俗化的鬼神与报应观念,以获得更有效的传播。在这些"孝道"叙事中,行孝之人得善果,不仅本人获得福报,连带祖宗、血亲,甚或朋友都得到庇佑。潘可藻的《马孝仙传》就十分鲜明地体现了这种因"孝行"而致"一人得道鸡犬升天"的儒家伦理叙事。现录文于下:

后唐长兴年间,江南秀州华亭县白马山下,马氏着族也,有马二公

---

① 《新刻出像增补搜神记大全》卷六,明金陵唐氏富春堂版,王秋桂、李丰楙主编:《中国民间信仰资料汇编》第一辑第四册,台北:学生书局,1989年,第366页。
② 《新刻出像增补搜神记大全》卷六,明金陵唐氏富春堂版,王秋桂、李丰楙主编:《中国民间信仰资料汇编》第一辑第四册,台北:学生书局,1989年,第366页。
③ 《新刻出像增补搜神记大全》卷六,明金陵唐氏富春堂版,王秋桂、李丰楙主编:《中国民间信仰资料汇编》第一辑第四册,台北:学生书局,1989年,第366页。

者,举壬辰进士,授沭阳尉。石晋篡帝位,遂弃职归田,配卢氏,未育无嗣。夫妇好善乐施,卢忽梦三台星飞入口,吞之遂有娠。天福五年庚子七月生女名五娘,壬寅十月生次女六娘,开运二年甲辰季,女七娘生焉。三女并有异姿,七娘尤出尘表。时天下大荒盗贼蜂起,诏起公守晋阳,遂与卢舅同弃产,避地温之瑞安县,叠徙罗阳百丈仙居。诸乡公以疾卒,舅氏携眷属,求深僻处居之,乃入青田至二都双港口渡河,七娘幼少坠水下,游数里,居人李九拯救之。卢兄妹寻觅不获,溯流而上,至十三都鹁鹕村,见岭后岩壑幽僻,诛茅结庵而居焉。后李九亦访知女家,送七娘至,喜出望外。值岁荒,母见女咸及笄,欲为许字,三女咸矢志不嫁,以女工膳母。宋建隆元年庚申,七娘出村佣绩得米二升,归至庵后山趾,石径左右有两岩壁立如门,遇异人黄冠霞服趺坐门侧,熟视七娘谓之曰:"汝有异骨,当证仙道。"遂授以修真法,予丹一粒,服之身忽轻举,须臾可百里。村之上下皆榛荟鲜居人,一日至沭鹤溪为人纺绩,主家以鱼馈之,持归奉母至家犹热。母不信,倾之屋侧小湖,至今水色如羹。自是日从沭鹤溪,往返为常,偶归渡大均,值水涨无船,遂浮伞以济,有负贩叶大郎适至,见而异之,求附渡七娘曰:"我伞不胜汝,弃担上物则可。"大郎知非凡女,但爱篮有彩花不忍置,取其一插于鬓旁,乃附伞以济登岸。大郎礼拜愿为卫,从今其像必簪花。有所自云北建隆三年七夕,七娘独登庵后横岑之巅,有岩蠹然,若狮头昂啸蹻足飞升而去,后人旁构小阁,肖腾云像于壁上,昭灵躅也。飞升后两姊精修日进,功满后五娘著仙灵于闽之松溪仙岩,六娘著仙灵于瓯之瑞安罗洋,皆昔所经寓故地也。两处居民咸祀奉之。①

潘可藻《马孝仙传》自问世来,其真实性就受到士人的质疑。清雍正间景宁知县李应机在《马孝仙故居记》中写道:"其传讹于诸志者,或亦以夫人之灵爽丕著,凡民间之水旱疾疫必祷求而即应,是以各邑人士觏境内有佳山奇石即指为夫人托足地以神异之。"②暗示潘可藻版马仙叙事有附会之嫌。出生地点与时间的变化,于马仙叙事的伦理价值并无甚影响,而潘可藻版马仙叙事更为重要的嬗变在于角色的增多、身份的提升,出生的神秘化以及孝妇变孝女。

---

① (清)潘绍治等:《处州府志》卷二十九,《文编》,光绪三年(1877年)版。
② (清)周杰等:《景宁县志》卷四,《秩祀群祀》,同治十一年(1872年)版。

潘版马仙多出了两位姐姐,并称马五娘、马六娘、马七娘,修仙后俱得飞升。同时,马仙父亲马二公、母亲卢氏、舅父卢相公以及卫从叶大郎,在文本中均有体现,如此,现实中对他们的祭祀也就变得顺理成章了。一变三,三变七,儒家血缘伦常观念与马仙信仰的结合,最终形成了一个以马七娘为中心的神明体系。在民众对这一神明体系的不断祭祀过程中,儒家文化以"孝道"为核心的意识形态亦得到不断地强化和再生产。

马仙成仙前的经历在潘可藻那里发生了三处变化。一是马仙父亲马二公的形象被赋予了特殊身份和伦理价值。在潘可藻版马仙叙事中,马二公为后唐进士,沐阳尉,因不耻石敬瑭勾结契丹、窃国篡位而弃职归田。这种变化一来使得马仙的世俗身份高贵化了——由贫家女变为落难的官宦小姐;二来也以马二公不与奸臣合作的态度传达了儒家的"忠君"思想。其次,潘版马仙叙事加入了诸如"禹母梦熊而娠"这类表现圣人诞生异象的胎梦叙事。马仙母亲卢氏梦三台星入口而有娠,生五、六、七娘。这为马仙的出生增加了神秘感和天命色彩。再次,潘版马仙叙事中的马仙是孝女而非孝妇,马氏三姐妹矢志不嫁,纺绩以奉母的孝行比李阳冰的马仙本事更具有自我牺牲的道德色彩。这样的改编与宋代以降儒家日益严苛的女性"贞洁"观念不无关系。或许,在潘可藻看来,马仙这样一个具有灵验之名的女神,首先理应是一个道德上的完人。而在儒家士人的造神逻辑中,显然,孝女比孝妇更具纯洁性,同时也就更具神圣性。这三处变化,无论是高贵化、天命化还是贞洁化,都意在为马仙的形象加魅,而其加魅的主要依据是儒家"忠""孝""节"的伦理观念。

我们注意到,李阳冰版马仙本事中马仙自言"邻邦合为我祠,我其福汝"①,以及"或旱暵,乡人颦迎,祈雨立应"②的闽越巫术因素在明万历元年(1573年)版与潘可藻版的马仙叙事中消失殆尽,马仙作为具有沟通天地人神之异能的巫女身份亦被儒家价值体系过滤掉了,于是,在这两版叙事中,马仙已然成了一个完全的道德神——"孝仙"。

---

① (清)周杰等:《景宁县志》卷四,《秩祀群祀》,同治十一年(1872年)版。
② (清)周杰等:《景宁县志》卷四,《秩祀群祀》,同治十一年(1872年)版。

三、护国保民的地方神

在李阳冰版马仙本事中,马仙成仙前的孝行与其成仙因缘之间并无直接关系,也无异人感其孝行而授术。然而,这些并置于同一文本中、偶然且松散的叙事因素,经过叙述者不断地加工与删改,最终形成了明万历元年(1573年)《新刻出像增补搜神记大全》版与潘可藻版马仙叙事的面貌,但这仅仅是马仙本事发生多元嬗变的一种重要方向。除此之外,我们还可以观察到,魏憬所撰《马仙志》中的北宋马仙传说、元代至正年间柘荣县马仙传说,以及明代嘉靖年间福鼎罗唇村马仙传说等版本的马仙叙事,既未在马仙的得道仙名上刻意突显其"孝行",也未曾删减其设醮祈雨的巫术细节,而是在本事的基础上增加了闽东的地域色彩,并突出和放大了本事中马仙"护国保民"的职能和功绩。

魏憬《马仙志》载:"(北宋真宗)天禧二年,闽寇骚扰,仙以神兵却之"①。闽寇之乱指的是北宋末年兴起于闽粤赣山区及沿海的山贼与海盗。闽寇的肆虐与宋政府不合理的盐法、繁重的赋税负担有关②,更为本质的原因则在于两宋中央政府向东南边地推行国家化的强力政策——此举引发了原不在户籍之内、不纳税赋的闽越山畲疍民的反抗。闽寇的泛滥客观上威胁到了闽地民众正常的生产生活和生命安全,而马仙则因"神兵却寇"成为护卫一方平安的神祇,被中央政府加封为"懿正广惠马氏真人"。

在元代柘荣马仙传说中,马仙的功绩除了本事中所记载的祈雨立应外,增加了抗倭保民的灵验感应:"犹且警倭盗,断石桥,走闽海陬,以固吾圉"③,保护百姓生命及财产安全。同样的,明代嘉靖年间福鼎罗唇村马仙叙事中也出现了倭患背景:"明朝嘉靖年间,倭寇经常扰攘当地,以致民不聊生。马氏三姐妹组织民众奋起抗争,在沿海一带平定倭寇。在一次战斗中,因寡不敌众,马氏三姐妹先后化作大山挡住倭寇,使当地居民得以转移,但

---

① 罗汝泽等:《霞浦县志》卷二十四,《祠祀志》,民国十八年(1929年)版。
② 阙本旭、陈俊华主编:《汕头大学潮学研究文萃》上卷,汕头:汕头大学出版社,2006年,第150页。
③ 罗汝泽等:《霞浦县志》卷二十四,《祠祀志》,民国十八年(1929年)版。

马氏三姐妹再也不能反俗为人,化作三座大山,永远屹立在群山峻岭之中。为彰扬她们的精神,畲族同胞立马氏真仙宫,为马氏真仙塑金身,奉为神明,每年农历正月十八日马氏三姐妹殉难日做三个像山一样的大冥斋来祭祀'马氏真仙娘娘'。"①

元代柘荣与明代福鼎马仙传说中马仙抗倭保民的功绩与元末开始的闽东倭患关系密切。元末明初,由日本九州沿海一带破产的名主、庄官、武士构成的海盗大肆流动于中国沿海,给沿海居民造成严重的人身与财产伤害;明洪武年间,朱元璋行禁海令、整顿海防、出海巡倭,沿海自此清平百年;至明末嘉靖年间,海防松弛,海民勾结真倭,酿成了绵延十数年的嘉靖大倭乱。"嘉靖三十六年后,福建成为全国倭患最严重的地区"②,尤其是包括福鼎在内的闽东沿海,因受特殊的季风风向影响,成为随风而动的倭寇首选的进犯之所:"岛夷入寇,必先犯此"③。同时,闽东沿海幽深曲折的海港和星罗棋布的岛屿,又为倭寇提供了天然的藏匿之所,增加了清剿倭寇的难度。在倭患最严重的时期,闽东山区包括柘荣在内的市镇乡村亦不能幸免:"穷谷深山,无不焚毁屠戮,财物罄掠无遗。"④

特殊的地理环境与位置,以及历史上地方军事防御势力的薄弱,是造成闽东地区山贼海盗猖獗数百年的重要原因。马仙自宋代传入闽东地区,其职能与功绩也随着当地信众的需求发生了重大变化。闽寇倭患中的受难民众,将对闽寇与倭寇的仇恨以及对和平生活的向往,寄托了对马仙的信仰上,以想象的方式完成对现实苦难的超越,并以宗教祭祀的方式告慰在战争中牺牲的亲族和将士。因此,我们可以将北宋末年马仙"神兵却寇"、元代柘荣与明代福鼎马仙传说中马仙抗倭保民的功绩视为马仙叙事进入闽东后的在地化表现。这是对李阳冰《护国夫人庙碑记》本事中马仙"阴府助国"职能的突出与放大。在这些闽东迁入地的马仙叙事中,我们可以看到马仙作为一种地方保护神的职能嬗变。

---

① 叶梅生、张先清主编:《太姥文化:文明进程与乡土记忆(下)》,北京:商务印书馆,2016年,第674页。
② 廖春潮:《明代倭寇与闽东社会》,福建师范大学硕士学位论文,2012年,第16页。
③ (清)顾祖禹:《读史方舆纪要》卷九十六,《福建二》,光绪二十七年(1901年)图书集成局铅印本。
④ 徐景熹:《福州府志》卷十三,《海防》,上海:上海书店出版社,2000年,第327页。

四、名列仙籍的女真人

杨谆诗作《马冠山》与杨拔所编《福宁府志·方外志》中的马仙叙事亦值得特别注意。《福宁府志》中马仙炼丹仙去的昆田山与南宋杨谆诗作《马冠山》中的马冠山实属福鼎境内同一座名山。《福宁府志·方外志》云:"马真人,温麻里马氏女也。乾符中(唐僖宗年号),入昆田山炼丹,仙去。庙冠在山,今丹井、臼尚存。"①《福宁府志》中的马仙是今霞浦古县村人,唐僖宗乾符年间,到福鼎境内昆田山采药炼丹,仙去时留冠于山顶,当地人遂将昆田山更名为马冠山,于山顶建马仙娘庙。清严如煜编《洋防辑要》云:"马冠山,亦名昆田山,山势连亘数十里,高耸凌空,形如半月。"②马冠山因其连绵耸峙的山势与浩渺难寻的神仙轶事成为文人墨客悼古伤今的名山胜景,南宋杨谆过此地时曾赋诗云:"陈家宅废桑畦暗,马道冠亡羽观空。惟有山南古程氏,雕檐一簇翠烟中"③。

杨谆《马冠山》与《福宁府志》中的马仙叙事与李阳冰《护国夫人庙碑记》本事相去甚远,很可能即李应机所谓"各邑人士觑境内有佳山奇石即指为夫人托足地以神异之"④的附会叙事。这两则马仙叙事删减了本事中"侍姑尤谨"的儒教色彩与"祈雨立应"的巫术细节,突出和放大了本事中"自言名在仙籍"的道教因素,将其变为与采药、炼丹、羽化登仙有关的道教仙话叙事模式。特别是百丈岩与马仙显迹之间的神秘联系,后来亦屡屡反映在马仙观的选址上——祀马仙处,几有百丈岩⑤。除了福鼎以外,柘荣东狮山东山之巅亦曾出现过马仙神迹。民国版《霞浦县志》载:"(北宋景德年间)时筑坛为墠,未薙草,仙倏显迹于东山之巅"⑥,当地人遂在马仙显灵处建马仙行宫,

---

① (清)李拔等:《福宁府志》卷三十二,《人物志》,乾隆二十七年(1762年)版。
② (清)严如煜:《洋防辑要》第4辑,《中国南海诸群岛文献汇编之四》,台北:学生书局,1975年,第485页。
③ (清)谭抡等:《福鼎县志》卷八,《艺文》,嘉庆十一年(1806年)刊本。
④ (清)周杰等:《景宁县志》卷四,《秩祀群祀》,同治十一年(1872年)版。
⑤ 张永宏主撰:《七月流火觅仙踪——柘荣马仙信俗文化田野考察报告》,北京:宗教文化出版社,2015年,第1页。
⑥ 罗汝泽等:《霞浦县志》卷二十四,《祠祀志》,民国十八年(1929年)版。

后改为道教场所清云宫。从以上马仙叙事中,我们可以看出,马仙信仰在传入闽东地域后,与当地繁盛的道教文化结合,使得马仙形象在这些叙事中一变而为缥缈神秘的道教女仙。

结　语

马仙叙事的多元嬗变源自于李阳冰《护国夫人庙碑记》本事中潜藏的多元叙事因素和闽越地区多元混杂的文化生态。"侍姑尤谨"、"阴府助国"与"自言名在仙籍",这三个原初叙事因素,在马仙信仰由浙入闽的过程中,经过不同历史时期和不同地域文化的锻造,不断地发生衍生与嬗变。闽东与浙南地域儒、道、巫多元混杂的文化生态,使得不同的意识形态诉求得以在马仙叙事中获得不同形态的表达,最终形成了我们今天看到的流行于浙南、闽东地域的多元化马仙叙事。

马仙叙事是一个开放的、未完成的文本,它始终处于不断被书写的状态中,而它真正的作者既不是集纂异闻的古代士人,也不是探源溯流的今世学者,而是广袤而无名的"民间"。马仙从前现代的"道德神"、"地方保护神"与"道教女仙"形象,变为今天"祛除疾疠"的"健康平安神"①,是当代闽东马仙信众集体需求的表达,也是马仙叙事多元嬗变的一种新方向。毫无疑问,马仙叙事将继续书写神奇,其中蕴含的伦理与文化价值依然值得我们持续关注和研究。

参考文献

[1] 乾隆《福州府志》,上海:上海书店出版社,2000年。

[2] 嘉庆《福鼎县志》,嘉庆十一年(1806年)刊本。

[3] 同治《景宁县志》,同治十一年(1872年)刊本。

[4] 罗汝泽等:《霞浦县志》,民国十八年(1929年)刊本。

[5] (清)潘绍治等:《处州府志》,光绪三年(1877年)刊本。

[6] (清)李拔等:《福宁府志》,乾隆二十七年(1762年)刊本。

---

① 郑峰、陈营龙主编:《健康平安神:马仙故事集》,北京:中国戏剧出版社,2013年,第2页。

[7](清)李应机:《马孝仙故居记》,雍正十一年(1733年)柘荣马仙研究会抄本。
[8](清)顾祖禹:《读史方舆纪要》,光绪二十七年(1901年)图书集成局铅印本。
[9](清)严如煜:《洋防辑要》,道光十八年(1838年)安康张鹏飞来鹿堂刻本。
[10]廖春潮:《明代倭寇与闽东社会》,福建师范大学硕士学位论文,2012年。
[11]阙本旭、陈俊华主编:《汕头大学潮学研究文萃》,汕头:汕头大学出版社,2006年。
[12]叶梅生、张先清主编:《太姥文化:文明进程与乡土记忆》,北京:商务印书馆,2016年。
[13]郑峰、陈营龙主编:《健康平安神:马仙故事集》,北京:中国戏剧出版社,2013年。
[14]张永宏主撰:《七月流火觅仙踪——柘荣马仙信俗文化田野考察报告》,北京:宗教文化出版社,2015年。

参考文献

一、方志、文集与民间文献

[1]弘治《八闽通志》,福州:福建人民出版社,1996年。

[2]乾隆《福州府志》,上海:上海书店出版社,2000年。

[3]嘉庆《福鼎县志》,嘉庆十一年(1806年)刻本。

[4]同治《福建通志》,同治十年(1871年)重刊本,台北:华文书局股份有限公司,1968年。

[5]光绪《巴陵县志》,光绪十七年(1891年)岳州府四县本。

[6]光绪《湖南通志》,光绪十一年(1885年)刻本。

[7]光绪《屏南县志》,光绪三十四年(1908年)抄本。

[8]同治《武邑县志》,同治十一年(1872年)刊本。

[9]同治《景宁县志》,同治十一年(1872年)刊本。

[10](清)潘绍诒等:《处州府志》,光绪三年(1877年)刊本。

[11](清)李拔等:《福宁府志》,乾隆二十七年(1762年)刊本。

[12]民国《山东通志》,民国七年(1918年)铅印本。

[13]民国《霞浦县志》,1929年铅印本。

[14]周瑞光汇编:《福鼎旧志汇编》,厦门:厦门大学出版社,2012年。

[15]赵尔巽等撰:《清史稿》,北京:中华书局,1976年。

[16](明)程敏政:《新安文献志》,合肥:黄山书社,2004年。

[17](明)陈子龙:《明经世文编》,明崇祯平露堂刻本。

[18](清)赵翼:《陔余丛考》,乾隆五十五年(1790年)湛贻堂刻本。

[19](清)李应机:《马孝仙故居记》,雍正十一年(1733年)柘荣马仙研究会抄本。

[20](清)顾祖禹:《读史方舆纪要》,光绪二十七年(1901年)图书集成局铅印本。

[21](清)严如熤:《洋防辑要》,道光十八年(1838年)安康张鹏飞来鹿堂刻本。

[22]乾隆《福州艺文志补》,乾隆二十八年(1763年)刻本。

[23](清)林之蕃:《偶存草诗集》,北京图书馆分馆藏清雍正刻本,济南:齐鲁书社,1997年,第785页。

[24](清)倪鸿:《退遂斋诗续集》,光绪十年(1884年)济南刻本。

[25](清)郑观应:《盛世危言新编》,光绪二十三年(1897年)成都刻本。

[26](清)卜宝第:《整饬仕途疏》,《清经世文三编》,清光绪石印本。

[27](清)丁立中撰:《八千卷楼书目》,民国刊本。

[28](清)陈寿祺:《绛跗草堂诗集》,清刻本。

[29](清)昆冈等修,刘启端等纂:《钦定大清会典》,宣统元年(1909年)刊本。

[30](清)黄六鸿:《福惠全书》,光绪十九年(1893年)文昌会馆刻本。

[31]福鼎县地方志编委会编:《福鼎县志》,北京:中国统计出版社,1995年。

[32]福鼎县地方志编纂委员会编:《福鼎县志》,福州:海风出版社,2003年。

[33]福鼎市政协志编纂委员会编:《福鼎政协志(续编)》,2006年。

[34]福鼎市地方志编纂委员会编:《福鼎旧志集》,福州:福建人民出版社,2013年。

[35]叶干铃:《中共福鼎党史人物辞典》,福州:福建人民出版社,2001年。

[36]中国人民政治协商会议全国委员会文史资料研究委员会编:《文史资料选辑》第一辑,北京:中华书局,1960年。

[37]政协福建省福鼎县委员会文史编纂委员会编:《福鼎县纪念辛亥革命八十周年专辑》,1991年。

[38]中共福鼎县委组织部、中共福鼎县党史研究室、福鼎县档案馆编:《中国共产党福建省福鼎县组织史资料》,福州:福建人民出版社,1999年。

[39]《颍川郡钟氏宗谱》,道光十九年(1839年)手写本。

[40]《汝南蓝氏宗谱》,同治八年(1869年)抄本。

[41]《汝南蓝氏宗谱》,光绪三十一年(1905年)刻本。
[42]《福鼎澳城杨氏族谱》,1984年修。
[43]《福鼎玉塘夏氏族谱》,2008年修。

二、中文专著、编著与论文

[1]陈支平:《福建六大民系》,福州:福建人民出版社,2000年。
[2]陈支平:《明清时期外省人口向福建的迁移》,《第七届明史国际学术讨论会论文集》,长春:东北师范大学出版社,1999年。
[3](清)黄体芳:《钱虏爱书》,马允伦编:《太平天国时期温州史料汇编》,上海:上海社会科学院出版社,2002年。
[4][美]孔飞力著,谢亮生、杨品泉、谢思炜译:《中华帝国晚期的叛乱及其敌人:1796—1864年的军事化与社会结构》,北京:中国社会科学出版社,2002年。
[5]李如龙:《福建双方言研究》,香港:汉学出版社,1995年。
[6]李世众:《晚清士绅与地方政治——以温州为中心的考察》,上海:上海人民出版社,2006年。
[7]刘海峰、庄明水:《福建教育史》,福州:福建教育出版社,1996年。
[8]卢建一:《闽台海防研究》,北京:方志出版社,2003年。
[9]罗士杰:《地方宗教传统与"去中心化"的地方政治:重探温州金钱会事件(1850—1862)》,《近代史研究所集刊》,2012年。
[10]南伟然、南向北:《乐清传统民俗》,杭州:浙江摄影出版社,2004年。
[11]缪品枚:《闽东畲族文化全书·谱牒祠堂卷》,北京:民族出版社,2009年。
[12]瞿同祖:《清代州县政府》,北京:法律出版社,2003年。
[13]瞿同祖著,范忠信等译:《清代地方政府》,北京:法律出版社,2003年。
[14]周瑞光:《摩霄浪语》,福州:海潮摄影艺术出版社,1999年。
[15]蓝运全、缪品枚编:《闽东畲族志》,北京:民族出版社,2000年。
[16]蓝炯熹:《畲民家族文化》,福州:福建人民出版社,2002年。
[17](清)徐鼒:《敝帚斋主人年谱》,沈云龙主编:《近代中国史料丛刊》第27辑,台北:文海出版社,1968年。

[18]萧公权著,张皓、张升译:《中国乡村:19世纪的帝国控制》,北京:九州出版社,2017年。

[19]张先清、董思思编著:《太姥石刻文书》,厦门:厦门大学出版社,2016年。

[20]周瑞光汇编:《福鼎旧志汇编》,厦门:厦门大学出版社,2012年。

[21]钟雷兴主编:《闽东畲族文化全书·民间故事卷》,北京:民族出版社,2009年。

[22]郑丽生著,福建省文史研究馆编:《郑丽生文史丛稿》,福州:海风出版社,2009年。

[23][美]爱德华·麦科德著,周秋光译:《民初湖南的团练和地方军事化》,《吉首大学学报(社会科学版)》1989年第2期。

[24]郭星华:《无讼、厌讼与抑讼——对中国传统诉讼文化的法社会学分析》,《学术月刊》2014年第9期。

[25]侯俊丹:《侠气与民情:19世纪中叶地方军事化演变中的社会转型》,《社会》2014年第3期。

[26]李在全:《制度变革与身份转型——清末新式司法官群体的组合、结构及问题》,《近代史研究》2015年第5期。

[27]林九昌:《福鼎渔业调查报告:沙埕的网艚网渔业》,《集美周刊》第16卷第1期,1934年。

[28]林泉岐、黄文华:《福鼎县渔业》,《中国建设》第11卷第11期,1935年。

[29]刘铮云:《金钱会与白布会——清代地方政治运作的一个剖面》,《新史学》1995年第6期。

[30]吕洪年:《源于明代抗倭的沿海特异风俗》,《民俗研究》1990年第2期。

[31]廖春潮:《明代倭寇与闽东社会》,福建师范大学硕士学位论文,2012年。

[32]阙本旭、陈俊华主编:《汕头大学潮学研究文萃》,汕头:汕头大学出版社,2006年。

[33]叶梅生、张先清主编:《太姥文化:文明进程与乡土记忆》,北京:商务印书馆,2016年。

[34]郑峰、陈营龙主编:《健康平安神:马仙故事集》,北京:中国戏剧出

版社,2013年。

[35]张永宏主撰:《七月流火觅仙踪——柘荣马仙信俗文化田野考察报告》,北京:宗教文化出版社,2015年。

[36]中国第一历史档案馆编:《咸丰十一年浙江平阳金钱会案》,《历史档案》1993年第3期。